丛书编委会

主　　编：罗　群　赵小平
执行主编：范　俊　张轲风　潘先林
成　　员：潘先林　张轲风　范　俊　董雁伟　黄体杨
　　　　　刘灵坪　侯明昌　娄贵品　王春桥　胡鹏飞

云/大/百/年/史/学/丛/书

历史系师生工矿史调查
与云大史学

李能燕　王雅琦◎著

云南大学出版社
YUNNAN UNIVERSITY PRESS
·昆明·

图书在版编目（CIP）数据

历史系师生工矿史调查与云大史学 / 李能燕，王雅琦著. -- 昆明：云南大学出版社，2023
（云大百年史学丛书）
ISBN 978-7-5482-4862-0

Ⅰ.①历… Ⅱ.①李…②王… Ⅲ.①工业史－东川②工业史－个旧③云南大学－史学－学科发展－概况 Ⅳ.①F429.74②K02-12

中国国家版本馆CIP数据核字(2023)第159852号

策划编辑：张丽华
责任编辑：李　平
封面设计：任　微

云/大/百/年/史/学/丛/书

历史系师生工矿史调查
与云大史学

LISHIXI SHISHENG GONGKUANGSHI DIAOCHA
YU YUNDA SHIXUE

李能燕　王雅琦◎著

出版发行：云南大学出版社
印　　装：昆明瑆煋印务有限公司
开　　本：787mm×1092mm　1/16
印　　张：12
字　　数：190千
版　　次：2023年11月第1版
印　　次：2023年11月第1次印刷
书　　号：ISBN 978-7-5482-4862-0
定　　价：48.00元

地　　址：昆明市一二一大街182号（云南大学东陆校区英华园内）
邮　　编：650091
发行电话：0871-65033244　65031071
网　　址：http://www.ynup.com
E-mail：market@ynup.com

若发现本书有印装质量问题，请与印厂联系调换，联系电话：0871-64167045。

"学术的生命与精神"：百年来云南大学历史学发展回眸

（代序）

国立云南大学校长熊庆来先生说："夫大学之重要，不在其存在，而在其学术的生命与精神。"云南大学的史学研究已走过百年峥嵘岁月，从初建、启航、发展、沉淀以至日渐兴盛局面的开创，艰苦卓绝自毋庸多言，唯有"学术的生命与精神"，如同血液般一直灌注其中，培育了云大史学崇尚学术和经世致用兼举并用的优良传统与精神气质。时逢云南大学百年校庆即将到来之际，有必要回顾和总结云大史学发展的百年历程，以期把握方向，认清前路，走向更辉煌的明天。

一、传统奠定：1923—1949 年间的学术启航

1923—1949 年间是云大史学传统的奠定时期。1923 年，云南大学的前身东陆大学创办之初，即设立包括文、史、经学的国学门。1930 年，东陆大学由私立改为省立，其时已设立历史系。1937 年，全面抗战爆发，熊庆来先生受聘为云南大学校长，秉承"以研究高深学术，造就专门人才"的办学宗旨，聘请和邀约国内知名学者和大批内地高校人才来云大任教，并重新组建了文法学院文史系。1938 年，学校更名为国立云南大学。至 1949 年，荟萃了顾颉刚、钱穆、姜亮夫、白寿彝、袁嘉穀、方树梅、吴晗、方国瑜、尚钺、向达、陶云逵、闻宥、王庸、朱杰勤、谢国桢、翁独健、江应樑、张维华、岑家梧、纳忠、陆钦墀、瞿同祖、丁则良、徐嘉瑞、李源澄、杨堃、华岗、陈复光、刘崇鋐、吴乾就、李埏、马曜、缪鸾和、方龄贵、程应镠等一大批史学英才，极大地繁荣了云大的史学研究，奠定了云大雄厚绵长的史学传统。这一时期，云大的史学发展呈现出以下四个特点：

第一，师资力量雄厚，吸纳了诸多英才，兼聘了郑天挺、闻一多、雷海宗、吴晗、姚从吾、邵循正等众多西南联大学者在云大授课，产生了广泛的社会影响力。尤其是1937—1949年间，云南大学成为国内史学研究重镇。

第二，形成了一批影响深远的学术经典。例如，顾颉刚的《浪口村随笔》《中华民族是一个》，钱穆的《论清儒》《略论王学流变》《中国思想史六讲》，方国瑜的《麽些民族考》，白寿彝的《咸同滇变见闻录》《中国伊斯兰史存稿》，吴晗的《元明两代之"匠户"》《明代的军兵》，向达的《蛮书校注》，瞿同祖的《中国法律与中国社会》《中国封建社会》，袁嘉穀的《滇绎》，楚图南的《纬书导论》，丁则良的《杯酒释兵权考》，江应樑的《西南边疆民族论丛》《西南社会与"西南学"》，翁独健的《新元史、蒙兀儿史记〈爱薛传〉订误》，朱杰勤的《葡人最初来华时地考》《中国古代海舶杂考》，纳忠的《论中国与西亚各国之关系》，徐嘉瑞的《大理古代文化史》《云南农村戏曲史》，杨堃的《论"中国社会史"问题》，陈复光的《有清一代之中俄关系》，吴乾就的《〈咸同滇变见闻录〉评正》《清初之圈地问题》等重要研究成果，均是在云大期间完成或发表的。

第三，创建史学研究平台和参与重大学术工程。1937年，方国瑜等人创办西南文化研究室；筹资编印《元代云南史地丛考》《滇西边区考察记》《明清滇人著述书目》《越南古史及其民族文化之研究》《缅甸史纲》《印度美术史》《暹罗史》等"西南文化研究丛书"11种；创办《西南边疆》杂志，共发行18期。《西南边疆》杂志是抗战时期最重要、最权威的有关西南研究的学术刊物。此外，袁嘉穀、方国瑜、方树梅等学者长期参与云南大型学术工程《新纂云南通志》的编纂和审定。

第四，形成了影响深远、延绵至今的史学传统。在民族危机和国难当头的现实感召下，地处边疆的云大学者葆有强烈的经世致用、关怀现实的家国情怀和经世理念，形成了注重西南边疆民族研究、强调实地民族社会调查路径、厚植云南乡土历史研究等学术传统和研究特色。例如，顾颉刚从边疆民族出发，深入审思历史疆域的形成和中华民族的整体性；方国瑜从古史和古文字研究转向西南边疆研究，并参加中英会勘滇缅南段未定界委员会工作,在实地考察基础上完成《滇西边区考察记》;白寿彝致力于云南回族历史文化研究;向达转向《蛮书》研究;等等。与此同时,江应樑、陶云逵等坚持民族调查方法开展民族文献发掘和民族史开拓;以袁嘉穀、方国瑜、方树梅等为代表的一批学者致力于云南乡土知识体系重建;等等。

二、优势凸显:蹉跎中奋进的"新中国三十年"

1950—1978年间,云南大学经历了全国院系调整、大批师资力量流失、由国立改省属大学等重大变化,加之期间受各种不利因素的严重干扰,研究力量有所萎缩,学术氛围受到影响,整体实力有所下降。尽管如此,这一时期的云南大学史学发展总体上仍保持着蓬勃向上的奋进态势,取得了斐然成绩,呈现出以下特点:

第一,带动全国史学界重大学术命题的讨论热潮。新中国成立后,我国史学界兴起了以"五朵金花"为代表的重大学术命题的讨论热潮。李埏先生先后在《历史研究》上发表《论我国的"封建的土地国有制"》(1956)、《试论殷商奴隶制向西周封建制的过渡问题》(1961)等重要学术论文,提出"土地国有制"这一重要学术概念,成为中国封建土地所有制形式讨论的重要学派和代表人物,带动了全国史学界关于中国土地所有制问题的讨论热潮。此外,马曜、缪鸾和发表长篇论文《从西双版纳看西周》(1963),继承和发扬以民族活态资料印证古史的"民族考古学"路径,密切参与到土地所有制形式问题的讨论之中。以上研究,学术影响巨大,奠定了云大中国经济史研究在全国的领先地位。

第二,凝聚学术话语体系,历史认识和民族理论获得创新发展。这一时期的云大史学研究也在向着深层次的理论探讨和话语体系构建的方向发展。新中国成立后兴起了"中国的历史范围"讨论,其时学界对中国疆域发展的认识分歧较大,方国瑜先生发表《论中国历史发展的整体性》(1963)一文,强调"王朝史不等于中国史",应将中原与边疆的历史都视为中国历史发展整体中的一个部分,重点阐释边疆民族地区在中国历史发展中的重要地位和作用。这一理论思考获得史学界的普遍赞誉和认同。此外，民族理论研究和话语体系构建获得创新发展，杨堃的《试论云南白族的形成和发展》（1957）、《关于民族和民族共同体的几个问题》（1964），熊锡元的《民族形成问题探讨》（1964）等论文，带动了民族形成问题讨论和"中华民族共同体"相关理论话语凝聚，在全国史学界都具有重大的学术前瞻性。

第三，拓展史学人才培养的新路径。云南大学是在历史教学和人才培养中最早开展历史地图编绘探索的教学单位，并于1953年前后初步编绘了世界上古史、世界中古史和部分中国史常用历史地图六十余幅，为历史教学和学生培养提供了极大便利。这一事迹获得媒体和学界报道和关注，云南大学历史系世界史、中国史教研小组联名发表《我们怎样摸索着绘制历史参考地图》（1953）一文，作为重要教学经验向全国推广。此外，云大史学人才培养延续实地调查的优良传统。1959年前后，历史系学生在云南个旧开展矿业调查，梁从诫先生带领学生在当地边上课、边劳动、边调查，其间历史系师生集体编订《云南矿冶史》《个旧锡矿史》《个旧矿业调查》《个旧矿工歌谣选》等著作，朱惠荣、谢本书、邹启宇等著名学者都曾参与此次考察和著述编纂工作，为他们此后勃兴的学术事业奠定了扎实基础。

第四，积极参与国家重大学术工程。1953年始，方国瑜、江应樑、杨堃等教授受到委托，带领云大众多师生参加少数民族社会历史调查和民族识别工作。1961年始，方国瑜作为周总理亲自关怀的国家重大学术工程——《中国历史地图集》西南部分编绘工作的负责人，与尤中、朱惠荣一起完成这一国家使命，彰显了云大史学的研究实力，培植了云大历史地理学发展的深厚土壤。1965年，方国瑜等学者还启动了《云南史料丛刊》的编撰，惜因各种缘故而中断。

在专业设置与机构上，云南大学历史系先后设立历史学、中国民族史、档案学、图书馆学、人类学、社会工作、世界史专业，形成了以方国瑜、江应樑、杨堃、李埏、尤中等为代表的学科队伍；成立了具有学科特色的西南文化史、中国民族史、云南地方史、中国封建经济史、西南边疆史、南亚东南亚史、西南亚史、西南古籍研究等科研教学机构。其时，云南大学的史学研究逐渐呈现出研究方向上的优势和特色：中国民族史特色日益突出，中国经济史发展迅速，形成了一系列具有全国性影响力的重要成果。而在世界史领域，以纳忠先生为代表的西亚、阿拉伯史研究独树一帜，并形成了纳忠、杨兆钧、张家麟、武希辕、李德家、施子愉、方德昭、邹启宇、赵瑞芳、吴继德、左文华、唐敏、黎家斌、徐康明等人为骨干的世界史学科队伍。除上述已见的成果外，尚有方国瑜的《有关南诏史史料的几个问题》《汉晋时期在云南的汉族移民》《唐宋时期在云南的汉族移民》，李埏的《略论唐代的"钱帛兼行"》，江应樑的《明代云南境内的土官与土司》《凉山彝族社会的历史发展》，尤中的《汉晋时期的"西南夷"》，吴乾就的《关于杜文秀的评价问题》，等等。总言之，这一时期逐渐奠定了中国民族史和中国经济史在云大史学研究中的基石地位。

三、巩固特色：改革开放二十年的机构与学科建设

改革开放后，云大史学研究迎来新的春天，进入一个跨越式发展阶段。在学科建设上，1981年，云南大学的中国民族史获博士学位授权，成为新中国以来首批博士学位授权点。1981年，世界史获得地区国别史的硕士授权。1986年，专门史（经济史）获博士学位授权。同年，中国民族史、中国经济史列为云南省首批省级重点学科。1995年，云南大学历史系被国家教委批准为全国普通高校文科基础学科人才培养与科学研究基地。2000年，以中国民族史为重要支撑的西南边疆少数民族研究中心获批教育部全国普通高校人文社会科学重点研究基地。2000年，获得世界史二级学科博士授权，云南大学成为我国较早获得世界史硕士、博士授权的大学之一。与此同时，相关学术机构纷纷成立。1980年，成立西南边疆民族历史研究所；1984年，成立西南古籍研究所；1999年，成立西南边疆少数民族研究中心。其间，创办《史学论丛》《西南民族历史研究所集刊》《西南古籍研究》《西南边疆民族研究集刊》等多种学术刊物，在学界产生重要影响。教研团队建设取得较大发展，诸多青年英才成长为史学研究的骨干力量，形成了两大优势学科团队，即以方国瑜、江应樑为学术带头人，以木芹、林超民、徐文德、郑志惠、陆韧、潘先林、秦树才等学者为骨干的中国民族史学科队伍；以李埏为学术带头人，以朱惠荣、董孟雄、林文

勋、武建国等学者为骨干的中国经济史学科团队。同时，云南大学世界史学科以亚洲、非洲等发展中国家为基本研究领域，以东南亚史、南亚史、西亚非洲史、亚太国际关系史研究为研究重点，也重视欧美史及西方史学理论的研究，在东南亚史、南亚史、西亚非洲史、亚太国际关系史方面形成了自身的优势和特色，先后建成了以贺圣达、左文华、吕昭义、何平为带头人的南亚东南亚史研究团队，以肖宪为带头人的中东史研究团队，以唐敏、徐康明、许洁明、李杰为带头人的欧美史研究团队，以及以刘鸿武为带头人的非洲史研究团队。

推出了一批重要学术成果：1978 年，在方国瑜先生主持下重启《云南史料丛刊》编撰，虽因各种原因时断时续，最终在林超民教授主持以及徐文德、郑志惠等学者的共同努力下，《云南史料丛刊》共计十三卷，于 1998—2001 年间全部出版。《云南史料丛刊》的问世不仅完成了民族史同仁三十年的心愿，且进一步夯实了云大民族史的研究基础。江应樑、林超民主编的《中国民族史》（民族出版社，1990）共三册，110 万字，是新中国成立以来第一部中国民族史方面的通史著作，获得国家图书奖。此外，尚有一批影响力巨大的学术经典著述问世，例如，方国瑜的《云南史料目录概说》《中国西南历史地理考释》《彝族史稿》，江应樑的《傣族史》，尤中的《中国西南民族史》《中国西南边疆变迁史》《僰古通纪浅述校注》，木芹的《云南志补注》《南诏野史会证》《两汉民族关系史》《中华民族历史整体发展论》等民族史研究力作，以及李埏的《中国封建经济史论集》，李埏和武建国合著的《中国古代土地国有制史》，李埏和林文勋合著的《宋金楮币史系年》，李埏主编的《中国封建经济史研究》，武建国的《均田制研究》等经济史研究成果。

这一时期的云大史学发展呈现出以下特点：首先是相关学术机构的建立和人才培养体系的健全，云南大学获得了更大的发展空间；其次，明确了发展方向和目标，正式确立了中国民族史和中国经济史的传统优势学科地位；再者，学术成果大量涌现，青年人才不断成长，保障了云大史学研究的持续进步。同时，中国近现代史、中国古代史、历史地理学、历史文献学、南亚东南亚史、欧美史、非洲史等研究方向都有较快发展。

四、开拓创新：新时代下加快"三大体系"构建的特色道路

最近20年，云南大学的历史学在学科体系建设、学术研究、团队建设、人才培养、社会服务等各方面都取得了长足发展。2003年，获得历史学一级学科博士学位授权和博士后科研工作流动站。2006年，自主增设中国社会史、中国边疆学2个二级学科博士学位授权点。2007年，专门史（中国经济史、中国民族史）获准为国家重点学科。同年，获批云南省哲学社会科学研究基地"滇学研究基地"。2011年，中国史一级学科获博士学位授权。2016年，中国史入选云南省高峰学科。2019年，被教育部认定为首批"国家级一流本科专业"建设点。中国史在2017年教育部公布的第四轮学科评估中获得B（排名位于前20%—30%）。2021年、2022年公布的软科学科排名，中国史连续进入前10%。近5年来，云南大学历史学学科成员获得第七届高等学校科学研究优秀成果奖3项、第五届郭沫若中国历史学奖提名奖1项，获得云南省哲社优秀成果奖56项、云南省高等教育教学成果奖2项、云南省级教学奖3项；主持国家社科基金重大项目7项、一般项目近百项；承担中国历史研究院重大项目1项、委托项目6项，且系《（新编）中国通史·中国民族史卷》主编单位。云大史学已发展成为国内史学领域优势特色明显、教研体系完备、师资力量雄厚、科研成果突出、学术影响甚大的学术重镇。

持续加强平台、团队、师资建设，努力构建完备的学术体系。先后成立了中国经济史研究所、西南环境史研究所、中国历史地理研究所、古地图与丝绸之路研究中心、"数字人文"实验室等学术机构；建成5个省级哲学社会科学创新团队；持续打造西南学工作坊、中国民族史青年学者研习营、"富民社会"理论研习营等学术沙龙品牌。近5年来，引进7位在国内颇具学术影响的知名学者以及10余位研究能力突出的青年才俊，新增东陆骨干教授2人、东陆青年学者2人，国务院学科评议组成员2人，入选国家级人才计划3人，入选云南省级人才计划10余人。目前，云大历史学科团队共有正高级职称32人、副高级职称26人、中级职称18人，博士生导师17人。

推出了一批影响力较大的教研成果:《方国瑜文集》《李埏文集》相继问世;持续推出"中国边疆研究丛书""云南大学宋史研究丛书""云南大学中国经济史研究丛书""云南地方经济史研究丛书",以及方国瑜的《云南民族史讲义》,尤中的《中国西南民族地区沿革史(先秦至汉晋时期)》,武建国的《汉唐经济社会研究》,林文勋的《唐宋社会变革论纲》《中国经济史研究的理论与方法》《中国古代"富民"阶层研究》,方铁的《西南通史》,吕昭义的《英属印度与中国西南边疆:1774—1911》《英帝国与中国西南边疆:1911—1947》,陆韧的《云南对外交通史》,何平的《从云南到阿萨姆:傣—泰民族历史再考与重构》《东南亚的封建—奴隶制结构与古代东方社会》,李杰的《历史进程与历史理性》《马克思主义史学思想史》,殷永林的《独立以来巴基斯坦经济发展研究:1947—2014》,许洁明的《英国贵族文化史》,张锦鹏的《南宋交通史》,成一农的《当代中国历史地理学研究》,钱金飞的《德意志近代早期政治与社会转型研究》等学术力作。学科成员在《中国社会科学》《历史研究》《中国史研究》《世界历史》《民族研究》《世界民族》《中国边疆史地研究》《史学理论研究》《中共党史研究》等权威刊物上发表学术论文百余篇。同时,诚聘20余位海内外经济史、边疆学知名学者集中打造"中国经济史研究的理论与方法""中国的边疆与边疆研究"研究生优质课程,以慕课方式推向全国,出版教材,以研促教,教研结合。

进一步巩固基础,凝练特色,发展新兴领域。通过学术合作、构筑平台、团队组建、推出成果等方式,不断巩固提升中国经济史、中国民族史传统优势学科,大力发展西南边疆史与中国边疆学、历史地理学等新的特色方向,取得了极为显明的成效,目前已发展成为云大中国史的四个龙头方向。同时,紧跟时代步伐,加强世界史、考古学建设力度,积极拓展数字人文、环境史、海洋史、国家治理史等新兴领域。其间积极开展话语体系构建的理论探索。林文勋教授的中国古代"富民社会"学说,自21世纪初提出以来,已确立起学术概念与学术框架,初步建构了自成一家的理论体系,成为新时期重新阐释中国古代特色发展道路的重要话语体系之一。以世界史研究为基础形成的一些政府决策咨询报告,获得党和国家最高领导人亲自批示,上升为我国对缅甸、中南半岛国家和南亚国家的重大决策，在全国产生了重大影响。

学术交流频繁，先后承办中国历史文献学会年会、中国灾害史年会暨西南灾荒史国际学术会议、世界史高层论坛、中国边疆学论坛、中国环境史国际学术研讨会、中国民族史年会、教育部历史学教指委中国史学科建设研讨会、地图学史前沿论坛暨"《地图学史》翻译工程"国际研讨会、第二届新时代史学理论论坛等大型学术会议，有力地推动和彰显了云大史学在国内外的学术影响力。

近20年来，云南大学历史学在强化特色基础上不断扩展新领域、新方向，大力推进团队和师资建设，积极开展科研项目申报和研究，持续推出优秀学术成果，扩大学术交流和学术影响，开拓学术推广和公众服务，实现了全方位、全系统的提升和体系完备。如今，云大史学同仁沿着先辈的足迹，在加快构建中国特色历史学学科体系、学术体系、话语体系的道路上砥砺前行，已开拓出一条符合实际、行之有效、彰显特色的发展道路。

编委会
2023年1月

出版说明

为迎接云南大学百年校庆，推动学术交流，纪念史学前辈对云大史学发展做出的突出贡献，表彰其卓越的史学成就，云南大学的史学同仁特意推出了"云大百年史学丛书"。

"云大百年史学丛书"包括《云南省边疆行政设计委员会与云大史学》（王冬兰著）、《私立五华文理学院与云大史学》（尹馨萍著）、《国立云南大学西南文化研究室与云大史学》（谢太芳著）、《〈学术研究〉与云大史学》（左菲悦著）、《历史系师生工矿史调查与云大史学》（李能燕、王雅琦著）共5种。该丛书以梳理重要学术机构与云大史学发展史为主旨，其中也辑录了非常丰富的原始资料，对云大史学发展史和相关学术研究均具有重要的价值。

前　言

　　时至2023年，云南大学迎来了百年华诞。喜迎华诞，献礼百年，为此云南大学历史与档案学院精心策划了"云大百年史学丛书"，本书幸列其中。

　　本书主要回顾了1958年前后在党的"教育为无产阶级的政治服务，教育与生产劳动结合"的教育方针和"史学革命"中编写工矿史等写史活动的开展背景下，云大历史系三、四年级师生分别到东川、个旧展开教学、劳动与工矿史调查编写一事。这次活动是云大历史系深耕史料与实地考察相结合的优良传统的继续，又因其所处的时代背景而呈现出新的特点。

　　这次工矿史调查形成了一批百万字的云南工矿史材料。师生们到了矿山后，在当地政府的领导下，一边查找矿山历史资料，一边实地调查并发动矿山工人积极参与其中，工人同志通过口述或自己写回忆录，交由师生记录整理，再编写成书。然而，由于大多未公开出版，目前这一批资料已经很难见到，且因印刷条件等的限制，已出现字迹模糊不清的情况，急需进行保存抢救。

　　本书的讨论即就目前所见的个旧工矿史成果《个旧锡矿史（初稿）》《老厂锡矿史稿》和《矿工回忆录》（第一、二集），东川工矿史成果《东川铜矿史》《矿工回忆录》《矿工诗歌选》，以及亦由历史系编写的《云南冶金史（初稿）》上下册和1980年出版的《云南冶金史》展开。这些著作围绕区域内矿产的生产发展展开叙述，时段从古至今，内容略古详今，呈现出较鲜明的阶级性，也不免存在模式化、教条化等问题。

　　在记录各个时代的冶金生产情况的同时，这些著作还记载了工人们在旧社会的悲惨遭遇、党领导斗争下工人阶级如何摆脱剥削压迫和中华人民共和国成立以后工人们以豪迈薄发之气开展生产建设的情况。书中记载了各地工人以其亲身经历对旧社会进行的控诉，因而这是一批血泪史；记载了工人阶级没有屈服在帝国主义、封建主义、官僚资本主义的残酷剥削压迫下，相反，还进行了各种各样的英勇顽强的斗争，因此，这是一批激昂的阶级斗争史；当地解放后，工人们又奋勇当先，开展生产建设，所以，这还是一批承载了工人们为美好未来而努力的奋斗史。所以，这些工矿史不仅是作为记录工人阶级产生、成长、壮大的历史，同时也是揭露黑暗、歌颂光明的历史。

历史学离不开资料的收集与对历史的记述，但也不仅仅是一堆堆的史料和史书。60多年后，我们通过这批工矿史资料回望，看到的也不仅是个旧、东川和云南的矿冶史。借此百年契机，探寻前辈们走过的路程，珍惜来之不易的奋斗成果，坚定理想信念，薪火相传，继长增高，这也正是校庆的重要意义。

最后，祝愿亲爱的母校，生日快乐！

目 录

第一章 1958年的云大历史系 ·· 001
  第一节 贯彻党的教育方针 ·· 001
  第二节 史学革命中的写史活动 ···································· 004

第二章 云大历史系师生在矿厂 ······································ 008
  第一节 历史系四年级师生在个旧 ·································· 008
    一、在矿山的学习 ·· 009
    二、参加劳动 ·· 010
    三、编写工矿史 ·· 010
  第二节 历史系三年级师生在东川 ·································· 011
    一、教学活动 ·· 012
    二、劳动安排 ·· 014
    三、编写工矿史 ·· 014

第三章 工矿史成果之云南冶金史 ···································· 016
  第一节 民国以前的云南冶金史 ···································· 017
    一、1840年以前的冶金概况 ···································· 017
    二、帝国主义的入侵与近代冶金工业的产生（1840—1911年）
    ··· 021
  第二节 民国时期的云南冶金业 ···································· 028
    一、冶金工业中资本主义的发展（1912—1936年） ················ 028
    二、全面抗战中冶金工业的起落（1937—1945年） ················ 034

三、抗战胜利后冶金工业的破落（1945—1949年） …………… 037
四、矿工的苦难与反抗 ……………………………………… 038
五、矿山上的红色身影 ……………………………………… 048

第三节 新中国成立初期的云南冶金发展（1950—1959年） …… 051
一、三年恢复与发展（1950—1952年） …………………… 052
二、"一五"计划中的云南冶金业（1953—1957年） ………… 057
三、整风运动 ………………………………………………… 065
四、"大跃进"（1958—1959年） …………………………… 066

第四章 工矿史成果之个旧 …………………………………… 070

第一节 民国以前的个旧锡矿史 ………………………………… 071
一、个旧历史概况 …………………………………………… 071
二、民国以前个旧锡矿开采历史概述 ……………………… 073

第二节 民国时期的个旧矿山 …………………………………… 075
一、个旧锡矿的开采 ………………………………………… 076
二、私矿 ……………………………………………………… 079
三、帝国主义的掠夺 ………………………………………… 085
四、个锡的运销 ……………………………………………… 088
五、矿工苦难 ………………………………………………… 090
六、工人与党 ………………………………………………… 092

第三节 个旧的解放与生产建设 ………………………………… 097
一、矿山解放 ………………………………………………… 097
二、恢复、发展与改造 ……………………………………… 099
三、"一五"计划中的矿山 …………………………………… 101
四、整风与"大跃进" ………………………………………… 110

第五章　工矿史成果之东川 … 113

第一节　民国以前东川铜矿的开采 … 114
　　一、东川概况 … 114
　　二、东川铜矿开采历史概况 … 116
　　三、铜矿生产管理 … 121
　　四、历史上的生产工具与生产关系 … 122

第二节　民国时期东川铜矿的开采 … 127
　　一、开采管理机构 … 127
　　二、对东川的历次查勘 … 128
　　三、生产关系 … 129
　　四、矿工的悲惨状况 … 134
　　五、矿工的斗争 … 140
　　六、早期革命活动与红军过东川 … 142

第三节　东川的解放与生产建设 … 150
　　一、解放进程中的矿山 … 150
　　二、建立新的生产秩序 … 152
　　三、大规模的生产建设 … 153
　　四、思想革命运动的开展 … 158
　　五、矿工新面貌 … 159

历史的回望 … 163

参考文献 … 168

后　记 … 170

第一章　1958年的云大历史系

云南大学坐落于云南省昆明市翠湖边，其前身是在唐继尧赞助下创建于1922年的私立东陆大学，1930年为学校本身发展计改为省立东陆大学，1934年更名为省立云南大学，1938年改为国立云南大学，1950年据中央政府文件定名为云南大学。

云南大学较早就设立了历史系。在建校初，学校即对学生展开了国文和历史教育。1933年，文史系建立，招收文史专业的学生；1937年设立文史学系；1945年，文史学系下分史学组和文学组；1951年，文史分系，正式设立历史系。从20世纪30年代以来，众多著名的学者先后在历史系任教，如顾颉刚、白寿彝、钱穆、尚钺、向达、徐嘉瑞、方国瑜、江应樑、杨堃、尤中等教授。1938年，方国瑜、楚图南、凌纯声、向达等成立西南边疆月刊社，编印《西南边疆》杂志；1942年，又组建了西南文化研究室，出版"西南研究丛书"10种；1955年，云南大学历史系设立了云南民族史教研室。在多年的发展中，云大历史系逐渐形成了在西南边疆和民族研究方面的教学与研究特色。

1958年，随着党的"教育为无产阶级的政治服务，教育与生产劳动结合"的教育方针的提出，和"史学革命"中编写工矿史等写史活动的开展，云南大学历史系三、四年级师生分别到东川、个旧展开了教学、劳动与工矿史的调查编写。

第一节　贯彻党的教育方针

1958年1月，中共中央南宁会议召开，毛泽东主席在《工作方法六十条（草案）》中提出了红与专的问题，指出："红与专、政治与业务的关系，是两个对立物的统一。一定要批判不问政治的倾向。一方面要反对空头政治家，另一方面要反对迷失方向的实际家。""政治和经济的统一，政治和技术的统一,这是毫无疑义的,年年如此,永远如此。这就是又红又专。"还指出,大学在可能条件下设立附属工厂或作坊,也可以同工厂或者服务行业订立参加劳动的合同,并提出"要把党的工作重点放到技术革命上去"①。在这些指示下,云大的师生员工纷纷提出到生产中去,技术下乡,支援工农业生产"大跃进",解决知识分子红与专的问题。学校积极与农业社、工厂取得联系,帮助他们解决生产中的技术等问题。如物理系与105钢铁厂签订了技术合同,不断派遣师生去该厂帮助解决生产技术问题或现场实习。农学系制定了《面向农业生产"大跃进"的规划》,针对国家要求增产粮食的课题,结合云南的特点,确定以"云南稻作资源及增产"作为全系科研中心,要求各教研组一齐动手,在5年内对全省水稻资源、耕作制度、栽培方法、土壤改良和病虫害等方面进行全面调查,研究云南稻作发展的方向,对增产措施提出意见,并规定当年三、四年级学生的生产实习都选定农忙时间到农业社去。②

9月19日,中共中央、国务院发布《关于教育工作的指示》,指出党的教育工作方针是:"教育为无产阶级的政治服务,教育与生产劳动结合。"为了实现这个方针,教育工作必须由党来领导。共产主义社会的全面发展的新人,就是既有政治觉悟又有文化的,既能从事脑力劳动又能从事体力劳动的人,而不是旧社会的只专不红,脱离生产劳动的资产阶级知识分子。在一切学校中,必须把生产劳动列为正式课程,每个学生必须依照规定参加一定时间的劳动。今后的方向是学校办工厂和农场,工厂和农业合作社办学校。学校办工厂和农场,可以自己办,也可以协助工厂和农业合作社办;学生可以在学校自办的工厂和农场中劳动,也可以到校外的工厂和农业合作社去参加劳动。同时,一切教育行政机关和一切学校,应该受党委的领导。在一切高等学校里,应当实行学校党委领导下的校务委员会负责制;学校党委应当配备党员去领导级和班的工作,配备党员去做思想政治工作、学校的行政工作和生产管理工作,党委书记和委员力求担

---

① 中共中央文献研究室:《建国以来重要文献选编(第二册)》,中央文献出版社2011年版,第34—52页。

② 《云南大学志》编审委员会:《云南大学志》第二卷《大事记(1915—1993年)》,云南大学出版社1997年版,第241页。

任政治课的教学、研究工作。学校党委应当在教师中经常注意进行思想改造的工作，注意培养新生力量。①

随后，云南大学掀起了学习党的教育方针，开展教育革命的高潮，探索适合中国建设社会主义大学的道路。由于受社会上出现的以高指标、瞎指挥、浮夸风和"共产风"为主要标志的"左"倾错误的影响，1958年学校掀起了科学研究"大跃进"、大办工厂、编写教学大纲和教材等的热潮，学校的正常教学秩序受到影响。与此同时，还掀起了以"红透专深"为中心的思想批判运动，开展向党交心，"拔白旗、插红旗"，批判资产阶级法权思想的斗争等。②

9月24日至10月13日，云南大学开展了共产主义教育运动。运动分三步进行，第一步大谈共产主义远景和人民公社的好处，第二步大破资产阶级法权思想，第三步大搞教学改革。在学习党的教育方针和揭发批判资产阶级法权思想等提高思想觉悟的基础上，全校师生对教学制度、内容、方法及时间安排等问题，通过深入的辩论，提出新的教育方案，各系按照党组织、教师、学生"三结合"的方针，修订了教学计划，编写各门课程的教学大纲和讲义。③为了进一步贯彻党的"教育为无产阶级政治服务，教学与生产劳动相结合"的方针，10月7日，云南大学物理、化学两个系接受中共云南省委交给的支援云南炼铜的新任务，物理系教师36人、学生216人，化学系教职员8人、学生80人，于9日出发，分赴玉溪、曲靖、楚雄、昭通、大理、德宏、丽江、临沧、思茅（今普洱）、文山等地支援云南铜的生产。10月14日、15日，云南大学历史系和中文系全体师生职工及物理、数学、生物、化学、外文等系的师生职工共537人编成一个大队，分2批出发，下放到开远进行短期锻炼。13日，李广田校长在对下放的师生职工做动员报告时指出，这次下放的任务：一是支援钢、铁、铜的生产；二是支援农村秋收秋种；三是学习建立人民公社的经验。中文、历

---

① 中共中央文献研究室：《建国以来重要文献选编（第十一册）》，中央文献出版社2011年版，第424-432页。

② 《云南大学志》编审委员会：《云南大学志》第二卷《大事记（1915—1993年）》，云南大学出版社1997年版，第240页。

③ 《云南大学志》编审委员会：《云南大学志》第二卷《大事记（1915—1993年）》，云南大学出版社1997年版，第254页。

史两系在不影响完成以上三大任务的原则下，试行半工半读，以便吸取经验，以后在全校推广。历史系师生在开远红土乡支援钢铁生产、秋收秋种时，四年级同学利用休息时间搜集资料，为该乡宽寨农业社写了一部近2万字的"社史"。11月底，历史系三、四年级师生又到东川、个旧的矿山，与工人同吃同住同劳动，培养工农感情，树立劳动观点，贯彻和体会党的教育方针。对此，1959年2月8日的云大校刊还进行了报道。①

第二节 史学革命中的写史活动

这里的"史学革命"是一个特定的称谓，指1958年发生在以各高校历史系为主的史学界的一系列运动，它包括"厚古薄今"与"厚今薄古"大辩论、"拔白旗、插红旗"运动、史学"大跃进"运动等。②

1958年的"史学革命"发生于遍及全国的"大跃进"运动背景下。1957年至1958年间，国内政治形势风云变幻，整风突变为反右。"当时毛泽东的看法是，右派的进攻说明我们的社会主义制度还不巩固，要巩固社会主义制度，必须有雄厚的物质基础，必须加快建设速度。"③ 1958年1月1日，《人民日报》发表社论《乘风破浪》，提出了"赶英超美"的高指标和"大跃进"的战略任务。伴随着经济领域的"大跃进"，哲学社会科学领域也掀起了"大跃进"的浪潮。

3月10日，时为中共中央宣传部副部长的陈伯达应国务院科学规划委员会副主任郭沫若的邀请，在国务院科学规划委员会第五次会议上做了《厚今薄古，边干边学》的报告。他在报告中指出，哲学社会科学当下的主要缺点是"言必称三代"（即夏、商、周），脱离革命实践的烦琐主义；有一批资产阶级知识分子逃避社会主义的现实政治生活，企图躲到"三代"的象牙塔中去，只喜欢讨论几千年前或至少是一百多年前的事。考古

---

① 《云南大学志》编审委员会：《云南大学志》第二卷《大事记（1915—1993年）》，云南大学出版社1997年版，第255-259页。

② 杜学霞：《史殇：二十世纪五六十年代的史学研究》，国家行政学院出版社2013年版，第136页。

③ 郑保卫：《中国共产党新闻思想史》，福建人民出版社2004年版，第345页。

是可以的,但不能用学术界的主要力量去考古,主要力量应该用于研究当代的现实,研究问题的方法主要的应该从现代开始到古代,应该克服目前那种偏重研究古代的倾向。在谈到边干边学的时候,他批判了那些自高自大、翘起尾巴、瞧不起工人阶级、瞧不起劳动人民、瞧不起老干部的资产阶级知识分子。他指出,在各种岗位上已经出现了一批由劳动者出身,原来没有受过正规教育,但在工作中经过努力学习已经能够开始掌握科学技术的老干部;还有些单位存在一些科学技术问题,是科学技术人员多时没有解决的,但一经群众讨论,就很快地得到了解决。这些现象说明了劳动人民和老干部边干边学的"新跃进"。他随之提出,哲学社会科学可以跃进,应该跃进,而跃进的方法之一就是"厚今薄古,边干边学"。所谓厚今薄古,就是不要薄今厚古;所谓边干边学,就是不一定要学好了才干。这正是毛主席说的"读书是学习,使用也是学习,而且是更重要的学习","干就是学习"。①

报告一出,便在哲学社会科学界引起强烈反响,史学界顿时沸腾起来,史学"大跃进"的序幕由此拉开。首先是史学界权威人士的迅速响应,郭沫若、范文澜、翦伯赞、吕振羽等纷纷发表文章响应。4月5日,围绕"为历史科学的大跃进而战斗"的国务院科学规划委员会史学组座谈会召开,这次会议汇集了中国科学院历史研究所、考古所和首都高等学校历史系、出版机关等历史、考古工作者100多人。在会上,翦伯赞说道:"最近以来,我们史学工作者在思想上已经有了很大的跃进,我们还要更大的跃进。只要在思想战线上取得了决定性的胜利,历史学的全面大跃进的高潮时代就会到来。"并号召:"鼓起干劲,力争上游,为争做一个又红又专,更红更专,以至红透专深的史学家,为提前完成十二年科学规划中规定的历史学的任务,为培养一支红色的历史科学的青年队伍而战斗。"②《人民日报》《历史研究》《历史教学》等报纸杂志也刊发文章推进"厚今薄古"的讨论。"厚今薄古"的辩论很快席卷整个学术界,各高校历史系

---

① 《陈伯达同志谈哲学社会科学如何跃进:厚今薄古,边干边学》,《人民日报》1958年3月11日第7版。

② 《为历史科学的大跃进而战斗——4月5日在国务院科学规划委员会史学组座谈会上的发言》,《光明日报》1958年4月14日第3版。

随即掀起了揭发和批判"厚古薄今"倾向和危害的运动，探讨"厚今薄古"的方法。在辩论中，"史学革命"被正式提出来，并且风靡一时，它强调通过"拔白旗、插红旗""批判资产阶级学术权威"，打倒以帝王将相为中心的旧史学体系，确立以农民战争为中心的新史学体系。①

在"多快好省"的社会主义建设总路线和学术界"厚今薄古"、教育界"教育与生产劳动相结合"的教育方针指引下，史学界开始了"多快好省地培养历史工作者""多快好省地开展历史科学研究"的"大跃进"。为贯彻"厚今薄古"方针，一些高校缩短学制，把历史科培养计划中的五年制改为三年制，同时调整教学计划，大大压缩古代史的学时和教材中的古代史部分，加长加大近现代史的学时和教材中的近现代史部分，停开古代史方面的一些课程，增开毛泽东著作研究、亚非近现代史、资产阶级史学思想批判、地方史等课程。为贯彻教育与生产劳动相结合的方针，许多高校打乱正常的教学科研计划和活动，组织师生去参加生产劳动，或到基层体验群众生活，向群众学习历史，和群众一起编写工矿史、人民公社史。1958年下半年，从全国范围来看，多所高校历史系教师和学生到工厂、农村，和工人、农民一起编写工厂史、人民公社史、乡志、县志等，这也成为史学革命的重要组成部分。②各高校历史系大部分师生走出校门，或参加人民公社的生产劳动，或去"大炼钢铁"，或进行历史调查。当时天津等地的工人在作家协会的号召下编写自己工厂的历史，编写自己生活和斗争的历史。这被认为是历史工作中的新事物、新方向，是"历史研究中一个伟大的革命的变革"，是"在人民公社诞生的同时出现的可爱的共产主义萌芽"，它改变了史学革命只是"少数专家的事而没有群众的份"的思想，表明"广大的劳动人民同时将是红色的历史家"。③

在此背景下，云南大学调整了课程设置，其中历史系与中文系的变化

---

① 杜学霞：《史殇：二十世纪五六十年代的史学研究·绪论》，国家行政学院出版社2013年版，第3页。
② 《多种"工厂史""公社史"已完成初稿》，《学术研究》1959年第2期，第4页。
③ 《大字报集锦：重视工人群众的历史研究》，《历史研究》1958年第9期。

较为明显，增加了"今"的课程占比，减少了"古"的课程开设。[①] 历史系师生也投身到这场运动中，宣传倡导"厚今薄古"，批评教学研究中存在的"厚古薄今"现象。同时，历史系三、四年级的师生从开远回校后，不久又到个旧、东川的矿山开展教学、劳动与工矿史写作。

[①] 王雅琦：《1958年"史学革命"运动在云南的开展及其影响》，本科学位论文，云南大学，2022年，第8页。

第二章　云大历史系师生在矿厂

在研究中关注现实，实地考察与深耕史料相结合是云大历史系由来已久的传统。从民国时期开始，方国瑜、江应樑等学者就已经践行。1935年，方国瑜关注到滇缅南段界务问题后，发表了《滇缅边界的菖蒲桶》《葫芦王地之今昔》《条约上滇缅南段未定界之地名》《滇缅南段未定界之孟仑》等几篇文章，介绍了这些地区的历史与民族、矿产等情况，提出自己的意见；参加会勘后，又写成了《班洪风土记》《卡瓦山闻见记》《裸黑山旅行记》《滇西边区考察记》等作品。江先生从20世纪30年代开始，亦是历次只身深入民族地区，如云南西部腾龙沿边和西双版纳地区的傣族调查、四川凉山的彝族奴隶社会调查等，结合调查资料和历史文献，写成了《摆夷的经济生活》《摆夷的生活文化》《凉山彝族的奴隶制度》《大小凉山开发方案》《傣族史》等一系列的文章和专著。新中国成立后，他们又参加了民族调查等工作。1958年3月，云南大学历史系师生20余人还曾前往四川凉山，通过两个月的调查，编写出《牛牛坝公社社史》与《民族调查方法》讲义。[①]

1958年11月开始，历史系三、四年级师生贯彻中央的指示和精神，前往东川、个旧进行教学、劳动和编写工矿史。这次活动是历史系传统的继续，又因其特殊的开展背景而具有区别于以往的、鲜明的特点。

第一节　历史系四年级师生在个旧

当全国各高校以革命的精神积极地为贯彻党的教育方针而努力的时候，云大历史系四年级52名师生，在"大破资产阶级法权思想""支援大

[①] 吴道源：《云南大学志》第四卷《教学志（1923—2003年）》，云南大学出版社2003年版，第205页。

战钢铁"和秋收秋种之后,于 1958 年 11 月到了祖国的锡都——个旧,在党的领导下,开始了历时四个半月的学习、劳动和写工矿史的活动,摸索贯彻党的教育方针的良好经验。

到达个旧后,52 名师生一分为二,大部分由党支部书记黄文周带去个旧老厂矿山,小部分由谢本书带到个旧选矿厂。① 这是个旧比较老的两个厂。开始时,师生们试行把教学、编写工矿史和生产劳动拧成一股绳的办法。在前三个月里,基本上按照教学、编写工矿史和参加生产劳动各占 1/3 的时间来安排。后来因为时间紧迫,在实践中适当地增加了编写工矿史的时间。1959 年 2 月开始的最后一个半月里,由于完成了原计划的教学任务,因此在完成两部工矿史的基础之上,把主要力量投入了编写个旧矿山史、炼厂史和马拉格矿史的工作中。

一、在矿山的学习

在前三个月里,师生仅用大约 1/3 的时间,完成了差不多相当于过去一个学期的教学任务,并且教学质量也有一定的提高。在教学中,师生按照理论联系实际的原则,结合思想实际、国内外形势和编写工厂史的情况,采用了"三结合"和四大方式,共学了三门课程:"世界现代史"(学完了 1929—1945 年的历史)、"中国现代史"(学完了 1937—1945 年的历史)、辩证唯物主义与历史唯物主义(学完了辩证法部分)。教学中的"三结合",就是在党的领导下,教师与学生的结合,本着教学相长的精神,发动全体师生,共同提高教学质量。在党的领导下,成立了有党组织代表、教师和学生共同参加的教学领导小组,全面领导教学工作。其中,教师在教学工作中发挥主要作用,教学领导小组对讲授中的重大问题进行讨论。"三结合"的同时,教师在教学中采用提示(讲授)—复习—讨论—总结的四大办法,加深同学们对于问题的理解和对关键点的掌握,而不是成天背诵琐碎的年代和细小的情节。在最后的考试中,参加考试的 101 人没有不及格的情况,达到及格成绩的有 6 个,获优良成绩的有 95 个。有

---

① 王雅琦:《1958 年"史学革命"运动在云南的开展及其影响》,本科学位论文,云南大学,2022 年,第 11 页。

7位同学做了课堂提示或小结,得到了同学们的认可。该活动培养了即将毕业的同学的独立工作能力。此外,同学们还进行了必要的时事学习和共产主义教育,修改了两门课程讲授部分的讲稿,共10多万字。①

二、参加劳动

据谢本书老师的回忆,因为学生对技术掌握有限,所以学生基本只能做简单的体力劳动或者陪着工人师傅看机器。劳动之余,学生对身边的矿工进行采访记录,形成口述史料。②同学们参加采矿、选矿、炼厂、机器制造、翻砂、炼铁等各环节的劳动,大致熟悉了锡的生产过程,学到了一些生产技术,如有的学会了打风钻,有的掌握了选矿的一般过程和规律,有的学到了车工和钳工的某些技术。在劳动中,同学们不仅获得了工人的好评,而且更重要的是通过劳动与工人接触,在思想感情上也起了很大的变化。大家骄傲地说:"我们是学生也是工人!"劳动之余,多数同学是一个人负责数个人乃至数十个人的工作,从联系工作、研究工作、布置任务、整理材料写总结一直到具体问题的处理都是一个人完成,任务十分艰巨。同时,他们也指导工人自己写自己的历史和工矿史,教工人认字、读杂志,参与工人们的日常政治生活,比如为工人小组会做记录员等。③

三、编写工矿史

在党的领导下,师生们和工人群众相结合,进行工矿史编写工作。工作一开始,在个旧市委的领导下,师生们所到的各厂矿,成立了以厂矿党委书记或宣传部部长为首的编委会或编写小组。

编写工矿史大体上分四个阶段进行,即初步熟习资料,发动群众举办工矿史展览,大力发动群众整理资料,编写出工矿史初稿,反复修改定稿。至11月下旬,师生们和工人群众在个旧老厂锡矿已经画了450幅图

---

① 云南大学历史系:《云南大学历史系四年级在个旧四个半月工作总结(初稿)》,云南大学档案馆,1958-Ⅱ-22,第133-134页。

② 谢本书自述、普金山整理:《谢本书史学研究自述》,贵州人民出版社2021年版,第52页。

③ 云南大学历史系四年级:《云南大学历史系四年级在个旧四个半月工作总结(初稿)》,云南大学档案馆,1958-Ⅱ-22,第135页。

画、26 张图表，搜集到实物 16 件、照片 35 张，发动矿工写回忆录 100 多篇，学生向工人访问做记录 30 篇，抄写了 16.5 万余字的资料。由于党的领导和发动群众的结果，在四个半月的时间里，共编出了 5 部、65 万字的工矿史，其中个旧矿山史 22 万字、老厂锡矿史 15 万字、炼厂史 10 万字、马拉格矿史 8 万字；从约 100 万字的 1700 篇大多为工人亲笔写的回忆录中选择了一部分，汇编为 6 部工人回忆录，分别是老厂锡矿工人回忆录 2 集、个旧选矿厂工人回忆录 1 集、炼厂工人回忆录 3 集；创作和搜集了《锡花》《锡山之歌》《锡山谣》3 本诗集，共约 600 首诗；调查整理了关于清末周云祥领导的矿工起义的调查报告约 2.5 万字。在编写过程中，师生们和工人群众还举办了 4 次工矿史的展览，共创作史画 1500 幅，复制了 600 幅，参观厂史 12500 人次；调查访问工人、干部、教师、文史馆员、幸福院老人、妇女等 1800 人次，翻阅各种档案 1384 卷，召开各种座谈会 95 次，抄写和搜集资料达 250 万字。为配合厂史，师生们和工人群众还利用小报、大字报、广播和文娱演出等形式进行了宣传，编了节目 8 个、演出 14 次，观众约 2400 人次。①

这些丰富的成果，个旧市委和当时四年级的同学有的把成果油印成册，有的没有，大多都已经湮没在历史长河中，目前可见仅《个旧锡矿史》《老厂锡矿史稿》和《矿工回忆录》（第一、二集）。

第二节　历史系三年级师生在东川

为了贯彻党的教育方针，经校党委批准并得到省委同意，1958 年 11 月底到 1959 年 3 月，云南大学历史系三年级全体师生 63 人（教师 5 人，学生 58 人）到东川，一方面进行教学，一方面编写东川铜矿史和劳动。

师生们到东川以后，根据党委党总支的指示，提出以搞好教学为主，同时编写矿史和劳动，要求做到三者紧密结合，全面丰收。所以在这段时间里，师生们"三套锣鼓"一起打，左手抓矿史，右手抓教学，同时也不

---

① 云南大学历史系：《云南大学历史系四年级在个旧四个半月工作总结（初稿）》，云南大学档案馆，1958 - Ⅱ - 22，第 135 页。

放松劳动。在此期间，师生们按照民兵组织编队，基本上做到了同食、同住、同劳动、同学习。

根据实际情况，不同时期的教学、劳动、写矿史三者的时间安排也不同。1958年12月底以前，以教学为主，写矿史只做一般查档案、小规模发动群众搜集资料的工作。在"左手抓矿史，右手抓教学，劳动也不放松"的原则下，参考学校规定的时间分配，实行每周45小时教学，16小时劳动，8小时上"共产主义思想教育"课，6小时写矿史。1959年1月上中旬，因前期对矿史写作难度和需要花费的时间估计不够，故这时集中一切时间和人力，以写矿史为主，教学和劳动基本上处于停止状态。1月下旬到期末以教学为主，确定了"教学为主，围绕教学开展其他工作"的原则。

一、教学活动

教学方面，以改进教学方法、提高教学质量为中心任务。按照计划，这一时期共开出了"共产主义思想教育""中国近代史""世界近代史""阿拉伯史""俄语""日语""军体"，以及没有教师上课、采取自学为主的"政治经济学""民族史"和"中国近现代国际关系史"10门课程。

在通史课中，继续运用在开远及学校所实行的"三结合""四大"的群众路线的教学方法，即在党领导下的教师、学生"三结合"小组，帮助教师进行备课，研究讲课内容要点，决定辩论题目，搜集学生对讲课的意见，传达教师对学生在学习方面的要求。在具体学习中，采用预习、讲课、辩论、小结四环节教学法，比较不重要的章节，省去辩论，采取讲授为主，自学为辅的形式，另外适当增加自学机动的时间，使学生能够有时间学习自己喜欢的知识。

在此过程中，同学们也提出了不少增强学习效果、提高学习质量的方式和方法：①制订学习计划，从连、排、班到个人都订出了比较切合实际的计划，做到了人人有计划，每一小时都有安排，消除了忙乱现象。②"高产周"，各班以本班学习滞后的一些章节或一门课为主，同时在不影响其他课程学习的情况下，在一周内集中力量突破这一薄弱的环节，这种办法运用在学习外语上，效果最好。③互助组，各班在自愿结合的基础上以3~5人组成学习互助组，在个人自觉刻苦钻研的基础上，取长补短，互相帮助，发挥共产主义的协作精神，这不仅对班组学习起了推动作用，而且使同学们在思想上进一步互相接近，增强了团结，树立了集体观念，克服了只愿个人搞好，不愿帮助别人的单干习惯。此外，有的班级搞了辩论台，把疑难问题提出来，征求答案，或展开辩论，增进了独立钻研精神，营造了学术讨论氛围；有的班级搞了俄文的单页生字，粘贴在经常往来的过道上、门窗上，使大家可以随时阅读，帮助记忆；有的班级搞了政治经济学的名词解释和重要问题摘录；有的班级搞了时事报告会，由一位同学把一周的国内外重要事件，利用较短的时间向同学们介绍，帮助同学们了解时事。在此基础上，支部和连部把这些对学习有一定帮助的方式方法，及时进行了总结，并在各班中推广，取得了一定的效果。但因为工作需要，同学们分别到落雪、因民进行调查访问，因此这些学习方法和形式，没有得到巩固和提高。[1]

在时间安排上，由于"三套锣鼓"一齐打，在各项工作开展不久，教师、同学中都有不少意见反映。从教师方面说，都感到时间紧、任务重，怕顾此失彼，影响教学；部分同学则对业务学习时间所占的比例及安排方式反映较为强烈，有的认为学习时间少，有的认为边学习边劳动影响教学质量。支部针对上述情况，及时结合"共产主义思想教育"课程，进一步学习党的教育方针，展开辩论，澄清了一些思想混乱，解决了若干具体问题，坚持既定方针，使工作向前继续推进。[2]

整个过程基本上保证了学习时间，完成了教学任务。在师生的合作下讨论修改讲义，提高了讲义的质量；摸索出一些改进教学的方法，提高教学质量的初步经验，教学质量有了一定的提高。中国近代史及世界近代史期末考试，成绩全部达到优良，创造了三年级历史考试优良成绩比例的新纪录。问题则主要是初期由于对编写矿史的艰巨性与复杂性认识不够，时间安排较少，为了完成矿史写作，进行调查访问，曾停课两次；"世界史"

---

[1] 云南大学历史系：《历史系三年级自1958年11月至1959年3月的教学工作总结》，云南大学档案馆，1958 - II - 22，第107 - 108页。

[2] 云南大学历史系：《历史系三年级自1958年11月至1959年3月的教学工作总结》，云南大学档案馆，1958 - II - 22，第104页。

由于上学期教学进度较慢，为了完成计划，形成赶任务的情况，一些章节学得不够深透。

二、劳动安排

在一般情况下，师生们每周坚持一天到两天的劳动和经常性的义务劳动，每天进行体育锻炼和文娱活动，保证了适当的睡眠时间和休息时间。学生到矿厂后，基本上一半人下矿井和搞基建，其余参加选矿和炼铜工作。工作首先会有一位工人师傅教授技术，学生需要认真学习并与工人共同劳动。学生除了参加采矿、选矿、冶炼、机器制造、翻砂等各种生产线的劳动，也经常到厨房洗碗、扫地、抹桌，为开水房搬柴。有些人主动帮助工人写信，教工人识字。

三、编写工矿史

到东川的三年级全体师生都参加了编写东川铜矿史的工作，并围绕写矿史开展了各种文艺创作活动，教师还结合自己的业务，进行其他科学研究工作。在将近四个月的编写过程中，整个写矿史工作大致经历了三个阶段：1958年12月上中旬，是订计划、编大纲、查档案、个别调查访问的准备阶段，时间和人力安排得不多；12月下旬到1959年1月20日，主要是集中力量大规模发动群众，搜集资料，进行具体编写工作；1月20日以后是集中少数人力对证材料，将初稿交领导干部、广大群众、职工讨论，然后搜集意见反复修改定稿。

三年级师生利用广播台、"大字报"、放电影的机会和到职工宿舍等方式宣传，通过开不同形式的座谈会，广泛动员群众，基本上在矿上做到了"人人说矿史，个个写矿史"。师生们在反复讨论修改之后，完成了15万字的《东川铜矿史》初稿；还写出2.5万字的《汤丹简史》、2.5万字的《落雪简史》、3.3万字的《因民简史》、1.2万字的《落雪选厂简史》；整理出7万字的《矿工回忆录》、2.5万字的《红军回忆录》；搜集整理了350首矿工诗歌、18万字的资料汇编和一部师生创作选集。其间，发动了群众9000多人，调查访问重点人物538人，召开各种类型的座谈会121次，收集民歌传说1500多首，整理群众自写材料656份，查阅档案资料

815万字，摘录资料30.8万字，举办3次流动性的《矿工生活史》展览。除集体编写矿史外，教师还抽空完成了《中国近代经济史讲授大纲》1册、《中国历代谣谚中所表现的人民性和现实性》论文1万字，翻译了日文《印度尼西亚的资源和外敌侵略》7万字。①

亦如个旧，到今天，这些成果大多难以找到了，目前所见仅《东川铜矿史》《矿工回忆录》《矿工诗歌选》。

此外，1960年5月，云南省委指示云大历史系编写一本《云南冶金史》，随即历史系组织师生30余人，在云南省冶金工业厅负责同志的直接领导下，历时两个多月写成了30多万字的《云南冶金史》初稿上下两册。1980年，云南大学历史系、云南省历史研究所云南地方史研究室在上册的基础上修订出版了《云南冶金史》。

本书的讨论即就目前所见的个旧工矿史成果《个旧锡矿史（初稿）》、《老厂锡矿史稿》、《矿工回忆录》（第一、二集），东川工矿史成果《东川铜矿史》《矿工回忆录》《矿工诗歌选》，以及亦由历史系编写的《云南冶金史（初稿）》上下册和1980年出版的《云南冶金史》展开讨论。总体而言，目前这一批资料大多已经难以找到，且因多为油印本，已出现字迹模糊不清的情况，亟须进行保存抢救。从涉及的区域和主题看，这批资料可以明显地分为三类：一是围绕个旧锡的著作；二是围绕东川铜的著作；三是关于云南整个历史时期的冶金史著作。而这三类著作都是以区域内矿产的生产历史为主，时段从古至今，内容略古详今，晚清至1958年前后的部分占了全书80%左右的比重；著作内容政治色彩浓烈，有鲜明的阶级性，叙事主要围绕阶级斗争的主线展开。

---

① 云南大学历史系：《云南大学历史系三年级在东川四个月工作的初步总结（初稿）》，云南大学档案馆，1958-Ⅱ-22，第111页。

第三章　工矿史成果之云南冶金史

对于云南的冶金状况，历史系于 1960 年按照省委指示编写了《云南冶金史（初稿）》，书分上下两册，共 3 篇 13 章，约 35 万字。上册 7 章，从公元前云南冶金业的出现讲起，历经元、明、清的发展，讫于 1949 年；下册 6 章，记述中华人民共和国成立后从国民经济恢复时期、"一五"计划到"大跃进"时期的云南冶金业发展情况。1980 年云南人民出版社出版的《云南冶金史》，由云南大学历史系和云南省历史研究所云南地方史研究室编，内容在上册的基础上进行了一定的改动。正文前，编者在关于作者和内容修改的说明中说道："该书是云南大学历史系一九六〇级师生和云南省历史研究所云南地方史研究室集体编写的，主编陈吕范。一九六三年，我们重写了该书的部分章节，并对全书作了修改，参加修改的先后有陈年榜、张家麟、宁超、董孟雄、王大龙。一九七九年，我们根据考古方面的新材料，对个别章节作了修改。在全书的编写过程中，自始至终得到岳肖峡、张德光、侯方岳、尹国举、温茂芬等同志的大力支持与帮助，谨此致谢。"[①] 核对 1960 年和 1980 年的内容，1980 年的《云南冶金史》除增加了许多出土文物等的照片外，相较于 1960 年的上册初稿，主要在第一章"云南冶金业的出现和初步发展"中补充运用了大量的考古资料，使得论据更为充分。

作为介绍云南冶金业发展的通史性著作，《云南冶金史（初稿）》介绍了从公元前 12 世纪到新中国成立初期云南冶金业发展的历史。上册七章分别为云南冶金业的出现和初步发展（公元前 12 世纪—公元 1280 年）、元明时期云南冶金业的发展（13 世纪中叶—17 世纪中叶）、清代云南冶金业的兴盛与资本主义的萌芽（1644—1840 年）、外国资本主义的侵入和云南

[①] 云南大学历史系、云南省历史研究所云南地方史研究室：《云南冶金史》，云南人民出版社 1980 年版。

近代冶金工业的产生（1840—1911 年）、云南冶金工业中资本主义的发展和工人阶级的反抗斗争（1912—1936 年）、抗日战争时期的云南冶金工业（1937—1945 年）、抗战胜利后云南冶金工业的破落和工人运动的高涨（1945—1949 年）。此书大致以清为界，清以前叙述简略，这一时段云南冶金业整体发展并不突出，相关记载并不算多；清以来到1949 年的记叙则更加翔实，以清代以来的铜开采和民国以来的锡生产为大宗的云南冶金业发展迅速，见于文献的相关记录亦不在少数。下册六章分别为国民经济恢复时期的云南冶金工业、伟大建设的开端、进入全面建设的阶段、全民整风运动、"大跃进"中的1958 年、更大更好更全面的跃进，叙述新中国成立后，在党的带领下，云南冶金业获得新生，逐步恢复发展起来的历程。

第一节　民国以前的云南冶金史

一、1840 年以前的冶金概况

云南矿藏丰富，历史上生活在这里的人，很早就开始矿藏的冶炼与加工。在剑川海门口遗址中出土了26 件①铜器，包括铜斧、铜镰、铜锥、铜凿、铜刀、铜镯、铜鱼钩和铜制装饰品等，同时还发现有片麻岩制作的、与铜斧纹饰相同的铜斧铸范，证明这些铜器是在本地铸造的。1974 年，北京钢铁学院冶金史编写组经过对14 件铜器的成分分析，发现出土的铜器5 件为红铜器，9 件为低锡青铜器，合金成分很不稳定，表明当时青铜冶炼技术尚不成熟。② 中国社科院考古研究所则通过碳14 测定数据，确定该遗址年代约为公元前12 世纪末，即商代晚期。③ 这一铜石并用的文化遗址说

---

① 海门口遗址位于大理州剑川县剑湖之滨，1956 年发现，1957 年进行了首次清理，发现铜器14 件；1978 年进行了第二次发掘，发现铜器12 件；2008 年云南省文物考古研究所等单位对遗址又进行了第三次考古发掘，出土遗物包括陶器、石器、骨器、牙器、木器、铜器、铁器、动物骨骼和农作物遗存8 类，约3000 多件。
② 张增祺：《云南冶金史》，云南美术出版社2000 年版，第5 页。
③ 曾有人认为海门口遗址的碳14 测定数据只能代表石器、陶器和骨角器的年代，青铜器的时代较晚，可能和上述遗物不属于同一地层。而1978 年发掘中发现一件恰砍在一根干栏式建筑木桩上的铜斧，銎部还残留一段木柄，正好证明这批铜器与其他遗物不仅属于同一地层，时代也大致相近，都是商代晚期的文化遗物。

明，远在公元前12世纪，当地的居民在制作精细的石器、骨角器和陶器的同时，已经开始铜的冶炼与加工。这批云南目前发现的年代最早的铜器，也极有可能便是云南冶金史的开端。

春秋到西汉时期（约前7—前1世纪），云南地区的冶金业有了显著的发展，产生了灿烂的青铜文化。除大量富有特色的青铜器外，金、银、铅、锡器也有制作，铸造、加工及合金工艺亦臻成熟。晋宁石寨山、江川李家山、楚雄万家坝、祥云大波那等处的古墓发掘出土的大量铜锡合金——青铜器物，如祥云大波那出土的铜棺、江川李家山出土的牛虎铜案、晋宁石寨山出土的滇王金印以及各处的铜鼓等，也提供了十分丰富的实物史料。

东汉至魏晋南北朝时期（约1世纪初至6世纪末），云南银和铜的采炼已有相当名声，"朱提银""堂狼洗"闻名全国，"朱提银重八两为一流，直一千五百八十。它银一流直一千"①。云南本地的冶铁业也发展起来，铁制农具代替了青铜农具。《华阳国志·蜀志》载越嶲郡的台登县（今泸沽）"山有砮石，火烧成铁，刚利，《禹贡》厥赋砮是也"②。江川李家山、晋宁石寨山这一时期的墓葬出土文物，和该地区更早期的墓葬出土文物相比较，铜铁合制器和铁器的数量有了显著的增加。金则主要是淘洗沙金，王充在《论衡》中写道："永昌郡中亦有金焉，纤靡大如黍粟，在水涯沙中，民采得日重五铢之金，一色正黄。"③《后汉书》则记："博南，永平中置，南界出金。"④ 博南即今永平一带。

汉晋以后到南诏以前，云南采冶业的发展，由于文献无征，不可得而确言。

南诏大理国时期（约8世纪初至13世纪中），佛教盛兴，大量宗教用品，诸如各种造像、法器及装饰品等的打造，进一步推动了金、银、铜等

---

① （汉）班固撰：《汉书》卷二十四《食货志下》，中华书局1962年版，第1178页。
② （晋）常璩：《华阳国志》卷三《蜀志》，第22页。
③ （东汉）王充：《论衡》卷十九《验符》，上海人民出版社1974年版，第304页。
④ （南朝宋）范晔撰：《后汉书·志第二十三·郡国五》，中华书局2000年版，第3514页。

冶铸业的大规模发展。这一时期黄金的生产仍主要是靠采淘沙金，樊绰《云南志》中有较完整的记载。沙金主要淘自丽水，淘沙人多是犯法之人和俘虏，"麸金出丽水，盛沙淘汰取之。沙赕法，男女犯罪，多送丽水淘金。长傍川界三面山并出金，部落百姓悉纳金，无别税役征徭"[①]。"弥诺国、弥臣国，皆边海国也……太和九年曾破其国，劫金银，掳其族三二千人，配丽水淘金。"[②] 另一则是"生金，出金山及长傍诸山，藤充北金宝山。土人取法，春冬间，先于山上掘坑，深丈余，阔数十步。夏月水潦降时，添其泥土入坑，即于添土之所，砂石中披拣。有得片块，大者重一勉或至二勉，小者三两五两，价贵于麸金数倍"，价虽高，"然以蛮法严峻，纳官十分之七八，其余许归私。如不输官，许递相告"[③]。

南诏铁器见于记载的多是兵器。"南诏剑。使人用剑，不问贵贱，剑不离身。造剑法，锻生铁，取进汁，如是者数次，烹炼之。剑成即以犀装头，饰以金碧。浪人诏能铸剑，尤精利，诸部落悉不如，谓之浪剑。南诏所佩剑，已传六七代也。"[④] 云南生产的铎鞘、浪剑等铁制品在全国亦很有名，异牟寻遣使者到长安时便带了铎鞘、浪剑、郁刃等贡品。此外，这一时期已有铁桥，铁制农具也已普遍使用。

元、明、清三代（约13世纪中至19世纪中），云南各类矿产开发日趋丰富，产量亦大幅增加。

元代云南矿冶业继续发展，此时所知的矿产分布更多。如产金之地，威楚、丽江、大理、金齿、临安、曲靖、元江、会川、建昌、柏兴、乌撒、东川、乌蒙等，几乎遍布全省；威楚、大理、金齿、临安、元江等地产银；中庆、大理、金齿、临安、曲靖、澄江、建昌产铁；铜产地则如大

[①] （唐）樊绰撰、向达原校、木芹补注：《云南志补注》卷七《云南管内物产》，云南人民出版社1995年版，第106页。
[②] （唐）樊绰撰、向达原校、木芹补注：《云南志补注》卷十《南蛮疆界接连诸蕃夷国名》，云南人民出版社1995年版，第127页。
[③] （唐）樊绰撰、向达原校、木芹补注：《云南志补注》卷七《云南管内物产》，云南人民出版社1995年版，第106页。
[④] （唐）樊绰撰、向达原校、木芹补注：《云南志补注》卷七《云南管内物产》，云南人民出版社1995年版，第113页。

理、澄江。① 与之相应的是元朝政府对云南矿产的榨取。至元四年（1267年），元朝在云南设立"诸路铜冶总管府"统制矿冶，随后又设立了"淘金总管府"管理黄金的生产；驱使"漏籍户"进行淘金，把淘冶者编为"冶户"，世代服役；以岁课、贡金等多种方式进行榨取。至元十四年（1277年），云南诸路纳金达105锭。② 据《元史》所记，天历元年（1328年），云南各类矿岁课数为：金课184锭1两9钱，居全国之首；银课735锭34两3钱，占全国岁课半数；铜课2380斤，全国仅云南有课；铁课12万余斤。③ 矿冶和加工制作技术也随之提升，大理铎鞘、郁刃和永昌刀，马可·波罗曾描述过的长马镫、长矛、盾牌及弓矢，用金、铜铸造的佛像，仍在云南及境外广为传流。

明代，云南冶金业达到了新阶段，银尤盛。明代实行卫所制度，"洪武二十六年定，凡屯种去处，合用犁铧耙齿等器，着令有司拨官铁炭铸造发用"④。卫军驻地甚广，为数众多，对农具的需求不在少数，这便使得各地铁矿的开采不可避免。而随着商品经济的发展，对白银的需求日益增加，明朝大量寻找银矿开发冶炼，卫军、囚犯也被使用于银矿的开采。《滇云历年传》卷六载，宣德五年，"夏五月，遣内官同监察御史等官开会川密勒山银场，以云南官军充矿夫"⑤。天顺四年（1460年），英宗准奏"云南都布按三司及卫所府州县，凡杂犯死罪并徒流罪囚审无力者，俱发新兴等场充矿夫，采办银课"⑥。成化九年（1473年），云南监察御史胡泾等上奏云南所属楚雄、大理、洱海、临安等卫军，全充矿夫，岁给粮布。伴随而来的是矿旺课完、矿微赔补的高额岁课，官办银厂衰落，正德以来

---

① （明）宋濂撰：《元史》卷九十四《志第四十三·食货二·岁课》，中华书局1976年版，第2377页。
② （明）宋濂撰：《元史》卷九十四《志第四十三·食货二·岁课》，中华书局1976年版，第2379页。
③ （明）宋濂撰：《元史》卷九十四《志第四十三·食货二·岁课》，中华书局1976年版，第2383—2384页。
④ （明）申时行等：《明会典》卷二〇二《工部二十二·屯田清吏司·屯种》，明万历内府刻本。
⑤ （清）倪蜕辑、李埏校点：《滇云历年传》，云南大学出版社1992年版，第286页。
⑥ （明）王圻纂辑：《续文献通考》卷之二十七《征榷考续·坑冶》，现代出版社1986年版，第396页。

民营矿业的兴起，以及人民反矿税的斗争。嘉靖、万历以来，全国产银之地有浙江、福建、江西、湖广、贵州、河南、四川、甘肃等省，而以云南为最。明人宋应星在其《天工开物》中说："然合八省所生，不敌云南之半，故开矿煎银，惟滇中可永行也。凡云南银矿，楚雄、永昌、大理为最盛，曲靖、姚安次之，镇沅又次之。"①

到 16 世纪初，云南的锡已发展起来；到 16 世纪下半叶，滇铜开始用于铸钱。此外，在生产技术上也有很大的进步，在采矿、选矿、冶炼以及铸造、锻造等方面，基本上形成了一套比较完整的工艺。

清代，云南矿冶业达到传统社会的极盛，大量的矿藏被发现开采，产量极大提升。康熙年间（1662—1722 年）开始，为了解决庞大的军费支出等财政问题，广开财源，清政府鼓励民间开采，客观上推动了云南冶金业的发展。同时，清朝采用银钱并用的货币政策，因此，在商品流通更加频繁的情况下，对云南铜、铅、锌、锡的需求量增大，清代前中期，云南每年的"京运铜"占全省铜产量的半数以上，采办滇铜铸钱成为一大要政，而铜在云南冶金业中的地位也就凌驾于其他种类的矿冶之上了。雍正、乾隆年间（1723—1796 年），云南矿冶业的发展达到鼎盛，铜、锡、银等产量增长迅速。18 世纪初，随着"放本收铜"政策的实行，清政府对矿厂的控制和对矿民的压榨加强了，这也加剧了矿民、矿工的斗争，甚至降低了矿产的产量。

当时的矿冶生产在探矿、采矿和冶炼方面都积累了不少的经验，出现了极为精巧的"乌铜走银"，通过银和铜不同的熔点，控制熔炉温度进行加工。但也不可忽略囿于简陋的生产设备和缺乏科学的技术总结，并不能对矿产加以充分利用的一面。

二、帝国主义的入侵与近代冶金工业的产生（1840—1911 年）

（一）帝国主义的经济掠夺与清政府出卖矿权

鸦片战争以后，英、法为主的帝国主义侵略矛头由东南沿海扩展到西

---

① （明）宋应星：《天工开物》卷十四《五金·银》，商务印书馆 1933 年版，第 229 页。

南地区。在侵占今缅甸、越南地区后，英、法不断对西南地区进行频繁的窥探，云南首当其冲，而其丰富的矿产资源亦不可避免地受到觊觎。通过掌握海关、垄断矿产价格等手段，帝国主义逐步侵蚀云南的矿冶业，直指云南七府矿权。如法国通过滇越铁路、滇越海关操纵锡的运输，在征收各种费用的同时，还逐步控制了锡的出口；英国则通过垄断锡价进行掠夺。由于帝国主义对云南矿产的疯狂掠夺，云南锡产量曾一度恶性膨胀，仅个旧锡矿一处年产锡达1400万~1600万斤，最高年产量2200万斤以上。其时个旧锡矿的产量占全国锡产量的90%以上，在世界锡矿产量中排名第四位。

光绪二十四年（1898年），法国资本家奥塞和工程师克业来到云南，通过对洋务局总办兴禄进行贿赂，提出开采云南（今昆明地区）、澄江、临安（今建水）、开化（今文山地区）、楚雄、元江、永北（今永胜）七府矿产的要求，由于广大人民及部分绅商的反对，未公然答应。后来英、法帝国主义联合起来对清政府施加压力，并组成英法隆兴公司①，筹办开矿事宜。清政府屈服于帝国主义的压力，于光绪二十八年（1902年）命云南地方政府出面，与隆兴公司签订《云南隆兴公司承办七府矿务章程》，除允许隆兴公司开采上述七处矿产外，还规定："如所指各府州县境内无矿可办，则应由中国另指他县作抵，以不超过七府为标准。"但在得到"云南地方大吏允许后，还可推广办理"。这意味着隆兴公司甚至可以开采云南任何一个地方的矿产。章程一经公布，立即遭到云南人民的反对，各地纷纷组织"保矿会"，要求收回矿权。在云南人民的坚决斗争下，清政府以150万两白银向隆兴公司"赎回"矿权。英法隆兴公司则把触角又伸向了个旧的矿区。

（二）近代冶金工业的产生

一是官督商办、官商合办企业的创立。鸦片战争后，兴起了"自强""求富"的洋务运动，在全国洋务运动的影响和政府官吏的主持下，从19世纪70年代开始，云南出现了官督商办、官商合办的矿冶企业。与全国其他地区的情况略有不同，云南没有外资开办的近代冶金企业。官督商办、

---

① 即英法七府矿务公司。

官商合办企业的产生，成了云南近代冶金工业的起点。

云南冶金业的官督商办，最早开始于同治十三年（1874年）。清政府在镇压了云南各族人民起义以后，鉴于当时官府经费匮乏，无力筹措资金，于是用"官督商办"的名义，企图利用地主商人的资本来恢复生产。云贵总督岑毓英便奏请恢复云南的矿业，尤其是铜的生产，以供军事工业和铸钱的需要，增加政府的财政收入。经清政府同意，委派士绅牟正昌择定东川的茂麓及其他的一些厂，实行官督商办，仍然采用"放本收铜"的老办法，每年承办京铜200万斤。但经云南各族人民起义，厂矿停顿较久，技术力量和劳动力都很缺乏，百货昂贵等原因，办了5年，并无起色。光绪五年（1879年）后又收归官办，也无成效。光绪八年（1882年）再度改为"招绅商办"，企图重振东川矿业，但终未能改变衰败局面。

光绪九年（1883年），清政府仿照东南沿海，设立"云南矿务招商局"，经营开采事务，并在上海设立"驻沪办理云南矿务招商局"，办理招股转运各项工作，企图号召商人投资，利用商人资本，再图振兴。1884年2月12日《申报》上登载的招商广告谈道："拟集资百万两，每股百两，先收三十两，合成三十万两。余俟办有成效，接开银、铝、锡厂，再行陆续收缴，以纾商力。现与抚台、藩司商酌，减轻厘课，以顾成本。并将官办已有成效之厂，先行让办一二处，俾取信于人。凡有窒碍，无不曲为变通，推行尽利。所有应用各机器，饬即分别采办运滇。"① 但绅商认为投资获利与否前途莫测，又担忧资金被官方侵吞，结果只招到商股7万两，另外领得官本12万两，资本仍然十分薄弱，生产情况还是没有什么好转。办了两年，仅能"勉抵京运"，成效仍然不大。云南冶金业官督商办、官商合办的酝酿阶段就此结束。

光绪十三年（1887年），由于军事耗费、对外赔款等原因，清政府财政更加困顿，因而委派云南巡抚唐炯为矿务督办，专门办理云南矿务。唐炯创设了"招商矿务公司"，招收商股，购买机器，从事采炼。同时并派云南著名巨商、以高利贷起家的天顺祥商号经理、候补同知王炽等分赴四川、湖广和汉口、宁波、上海等地的大商埠招商募股。公司章程规定给投

---

① 《招商开矿示》，《申报》1884年2月12日第4版。

资者以管理厂务的权利，股东按出股多少，来决定管理厂务的轻重；并允给优厚的利息和红利，股本每年按六厘计息，三年结算分红，凭折向天顺祥商号支取红利，并可收回股本。但有云南矿务招商局的失败在前，投资者仍然不多，而且据后来查明公司的所谓商股部分，全是唐炯以个人的名义从天顺祥商号挪借来的。

招商矿务公司主要经营东川铜矿、个旧锡矿、会泽铅锌矿等较大的厂矿。在铜矿经营方面，一是自行采炼，一是代清政府"放本收铜"，两者都是为了供应京铜的需要。在锡矿方面，则采取定价收购大锡，运往四川等省出售的方式经营，并成为该公司的专利。光绪十四年（1888年），唐炯购置了外国机器，聘来了几个日本技师，首先在东川铜矿采用机器生产，这是云南冶金工业使用机器的最初尝试。但由于企业管理的落后，成效不大。结果用了两年的时间，花费了10多万元，仅出铜10多万斤。机器生产遭到了完全的失败，矿务公司只好用"放本收铜"的老办法来供应京铜需要。由于清政府规定的铜价太低，每百斤仅给银10两3钱，而公司向炉户收铜却要付14两的代价，显然不敷成本，以致在公司经办京铜的12年中（1887—1898年），虽勉强凑足了京铜的需要，却亏本65万两。其所以还能勉强维持而没有完全破产，是利用购销个旧大锡赚得的利润来弥补的结果。直到光绪二十五年（1899年）以后，清政府为了保持铜料的来源，才将铜价提高到每百斤银20两，而公司仍用14两的原价向炉户收铜，这样又经营了几年，才不仅偿清了亏欠，而且还获得了盈利。但是好景不长，随着帝国主义和外地买办商人势力伸入个旧，矿务公司在经营上遇到了障碍；而光绪二十九年（1903年）又爆发了周云祥起义，个旧矿工纷纷参加起义队伍，这便迫使公司不得不停止经营。光绪三十二年（1906年），随着唐炯的去职，招商矿务公司也就宣告结束。

此外，经过光绪二十八年（1902年）反对英、法帝国主义夺取云南七府矿权的斗争，云南地方官商集团看到了经营矿产有利可图，便以"保护利权"的借口，于1905年组成"个旧厂官商有限公司"，地方官股占48.5万元，商股占18.1万元。在业务上采用贷款收锡的方式，先把资金贷给各个炉号，待炼出锡后，由公司按市价收购，以抵偿贷款，然后公司再把购入的大锡运销香港。这基本上是一种商业高利贷的经营方式，公司并不直接参与生产过程。直到光绪三十四年（1908年），法国商人要求锡砂外运和在蒙自设立炼厂，遭到反对未成，云南地方官商集团才由此看出冶炼大锡是有利可图的事业。云贵总督锡良便派道员王燮生等到东南亚各国考察锡务，准备自行设厂炼锡。宣统元年（1909年），"个旧厂官商公司"改组为"个旧锡务有限公司"，由王燮生担任总理，官股增为100万元，商股增为76.95万元。业务上除了继续贷款收锡运港以外，开始直接经营生产，增设了开采、冶炼两个部门，并向德商礼和洋行订购了洗选、冶炼、化验、动力和索道等设备，共值银50万元（德币108万马克）。直到1913年，设备才安装完竣投入生产，其中洗砂厂不能用，由此正式揭开了云南冶金工业机器生产的序幕。

除了官商合办锡务公司以外，宣统元年又成立了宝华公司，初为官办，宣统三年（1911年）后改为官商合办。资本额共为35.5万元，其中铁道贷款12万元，后来作为股本，官股17.5万元，商股6万元。主要经营开远、文山、广南等地的锑矿，在芷村附近设有炼厂，向德商禅臣洋行购置了机器设备，计有锅炉、电机及碎矿机等3部，沉淀池1座，熔炉、反射炉4座，还安装有发电机、抽水机等设备，机械化程度仅次于个旧锡务公司，于1913年正式开始生产。

综合来看，一方面，这些企业由于经营腐朽，成效不大，官方又任意挥霍乃至侵吞私人资本，使富商大贾不敢投资办矿，阻碍了商业资本向产业资本的转化，影响到资本主义的发展；同时，由于企业经营产品的特殊性，不得不服从于清政府的需要，和整个社会经济的联系较少，且往往是采取专利垄断的方式经营，或者凭借政治、经济实力排挤私人资本，这都对民族资本主义的发展有限制和扼杀的作用。另一方面，这些企业对云南近代冶金工业的发展又具有一定的积极意义，它们是云南资本主义冶金工业的开端，也因此产生了一批云南近代冶金工人，训练出一批使用机器的技术人员，扩大了云南金属矿产的生产，这都对云南冶金工业中的民族资本主义的发展有一定的刺激和影响。

二是从19世纪70年代到20世纪初，民族资本开办的冶金企业逐渐发展起来。这些企业一部分是由封建官僚、地主和商人投资兴办的企业，如光绪二十二年（1896年）滇东北巧家县地主"朱三老爷"投资举办巧家凹木口锌矿，禄劝县也出现了绅商举办的两个小型铅矿开采公司，1902年会泽县地主刘盛基伙同彭、黄两姓地主创办铅锌矿采炼公司——"鑫泰公司"，以及光绪三十四年（1908年）迤西道秦树声和腾越厅江温琛借口保护边地矿权、阻止帝国主义侵略，开发腾越一带的矿产。也有的则是由原来的小生产者发展起来的，这在矿山也并不罕见，如在个旧，周得保从进矿时的一无所有，到后来成了雇佣2000名工人的大老板；出身行伍的"向四烟罐"，到矿山前也是一穷二白，来矿山后逐步发展为雇佣500多名工人的资本家。总体而言，这类企业的经营有独资、有集资；生产中开始部分地使用机器，但土法生产仍是主力；雇佣工人劳动，大多自采自炼。随着近代冶金工业的出现，企业中机器的引入，也产生了一批新兴的技术工人。

（三）反帝反封建斗争

19世纪后半期到20世纪初，在帝国主义和封建势力双重剥削和压迫下，云南农村日渐凋敝，农民生活极端贫困，加之天灾、疾病流行，人民死亡极众，很多农民背井离乡到矿山谋求生计，成了云南冶金工人的主要组成部分。然而，备受压迫和剥削仍然是工人们劳动生活的常态。恶劣的劳动条件，超长的工作时间，微薄的工资，是当时矿冶业中存在的普遍现象。矿工们以简单的生产工具，在毫无安全、通风、卫生等设备的坑硐里，每天从事十五六个小时的劳动，太阳未出下硐，太阳落山出来，闷死、垮塌压死矿工的事时有发生。而矿工辛苦劳作却并不能够获得对等的报酬，一般除了每年初夏、秋后发给部分工资外，大部分都得等到年终结算后被克扣再三才可能拿到，有时甚至还倒"欠"资本家的钱。此外还因童工身材小，便于在狭窄的矿道内运输，加之童工年龄小、工资低，所以各矿厂普遍使用童工。

多重压迫下，云南矿工和各族人民展开了反帝反封建的斗争。具有代表性的有：

一是在咸同年间云南各族人民的反清起义。遍布云南各地的矿工，大多参加了这次起义。清政府因害怕矿工"聚集滋事"，便大肆封闭矿山，使得云南冶金业的生产完全陷于停顿，在相当长的时间内一直未能恢复。

二是20世纪初矿工周云祥带领的以"官逼民变,除暴安良"为口号的反清起义。这次起义的领导核心是个旧矿工,基本队伍是与矿山有着密切联系的石屏、建水一带的农民,这是一次初步组织起来的矿工和农民联合起来反对封建统治阶级的武装斗争。①

三是随着法、英等外国资本主义势力逐渐深入云南,先后和清政府签订一系列不平等条约,取得了在云南倾销商品、控制海关、修筑铁路、开发矿产等种种特权,这引发了云南各阶层人民的反帝保矿斗争,尤以20世纪初的收回七府矿权运动最具代表。光绪二十八年(1902年),清政府下令云南地方政府与英法隆兴公司签订了出卖云南七府矿权的卖国协定后,立刻遭到云南各阶层人民的反对,引发了收回矿权的运动。参加这次运动的有工人、农民、民族资产阶级和封建统治阶级内部的部分地主。革命党人和留日学生在日本东京创办的《云南杂志》,在这次运动中起到了宣传和组织的作用。不少革命党人和留学生在其上登文,竭力要求收回矿权、路权。由青年学生组成的"云南死绝会",呼吁各界采取强硬手段,收回矿权和路权,自己设公司,开采云南五金矿产。省内各地人民纷纷组织"保矿会",集会请愿。绅商成立了"矿务研究会"。云南省咨议局也集会向云南地方政府、外务部和军机处上书请愿,要求废除条约。其后随着全国的收回利权运动,云南全省掀起了收回利权斗争的高潮。为表示收回矿权的决心,云南陆军小学堂有两个学生还断指割臂写血书,大有与"七府矿权"共存亡之慨。民族资产阶级和一些官吏绅商主张收回矿权自己开采,纷纷集资组建公司,个旧锡矿公司和宝兴公司就是在这种情况下成立的。云南总督李经羲等地方官吏,迫于人民的压力,也主张另立矿务公司来和英法隆兴公司对抗,遂有人提出组织"云南三迤矿务总公司"的倡议。虽然云南地方官商企图利用"收回利权、抗拒侵略"的口号来达到自己的目的,但由于收回利权是当时各阶层人民的普遍要求,因此获得了人民的支持,并在斗争中取得了一定的胜利。清政府终于在宣统三年(1911

---

① 云南大学历史系、云南省历史研究所云南地方史研究室:《云南冶金史》,云南人民出版社1980年版,第99页。

年）以 150 万两银子的代价向隆兴公司赎回了一切权利和财产。①

第二节　民国时期的云南冶金业

一、冶金工业中资本主义的发展（1912—1936 年）

（一）云南冶金工业中民族资本的状况

辛亥革命推翻了中国延续两千多年的专制制度，第一次世界大战的爆发则使中国的民族资本获得了发展的机会，云南的金属矿产也一时畅销，所以在一战前后，云南冶金业出现了短暂的繁荣，除了官商合办的公司外，还出现了一大批矿尖炉号。

民国以后，铜的主要产区——东川，虽然由官商合办的东川矿业公司经营，但实际掌握铜生产的还是当地的炉、碉等户，且公司也沿袭"放本收铜"的办法，控制铜的收购和销售。易门一带在 1926 年成立了盈泰公司，永胜的米里厂作为云南又一个产铜较多的地方，独办、合办的矿碉共有 54 家，投资总额为 37400 元。

在铅锌矿方面，会泽的鑫泰公司，开办时只有炼炉 4 座，1914—1918 年间增加到 10 多座，在矿山最兴旺的时候，大小炉子共达 400 多座，矿工 4000 多人，驮马 1000 多匹，牛车 200 多辆。除去东川公司和鑫泰公司以外，当时私人冶炼的还有 100 多处。根据《云南之铅锌》一书的统计，1912 年以后，开采的铅矿共 46 处，锌矿 16 处，其中 1915—1919 年间开办的铅矿有 29 家，锌矿有 13 家。此外，鲁甸乐马厂的铅锌矿，1912—1917 年间由保龙公司和继后的益丰公司经营。巧家县凹水口在 1917 年以后由洪文甫经办锌矿，历时四五年之久。1912 年以后，清末成立的宝华公司和光华、补乃与天利等公司相继开采文山、开远、平彝（今富源）、屏边各地锑矿。

云南的土法炼铁，历来就比较零星，采炼的规模比较小。据《云南矿

---

①　云南大学历史系、云南省历史研究所云南地方史研究室：《云南冶金史》，云南人民出版社 1980 年版，第 106-107 页。

产一览表》上的不完全统计，民国初年以后开办的铁矿共有85家；《云南之铁》一书中综合安宁、易门、昆阳、蒙自、开远、峨山、玉溪、龙武（今石屏县龙武镇）、鹤庆、丽江、牟定、蒙化（今巍山）、麻栗坡等地的情况估计，民国后经营铁矿的也不下百余家，其中较大的是鹤庆的北衙厂、峨山的山后厂等。

从有统计的云南省矿业资本额的分布情况来看（见表3－1），截至1936年，除去非金属各矿，云南冶金工业中民族资本的发展最为突出的还是锡矿，其资本额占到了矿业资本的71.2%，《云南省经济问题》则言有95%的投资集中在锡矿业。

表3－1　云南省矿业资本额分布情况

矿种类	资本额（元）	所占比重（%）
锡矿	2406000	71.2
铜矿	682430	20.2
铁矿	121200	3.6
银铅矿	165000	5.0
合计	3374630	100

资料来源：《云南概览·建设》，第62页。

但是，由于资金短绌、技术落后或者无力与占优势地位的官僚资本相抗衡等种种原因，这个时期各个矿种的生产发展极不平衡，就是每个矿种的生产发展也大多不够稳定，大多是随着一战的需求有了短暂的兴盛，一战结束大多也即凋敝。相对来说，只有锡算是稳步上升，尽管个别年份之间也有很大的起伏。根据《云南矿产一览表》上不完全的统计，金、银、铁、铜、铅、锌、锑、钨等矿，民国以来开办的厂户共有188家，到1923年为止，停业的有97家，已经过半。虽然从这些数字中无法具体看出厂户的规模大小，但从当时绝大多数矿产采用土法生产的情况来看，可以说除了锡矿以外，其他矿种的生产都是非常不稳定的。在1912—1936年间，云南主要矿产产量，除去锡产量比较高，其他各矿产量均不多。

历史上产量不低的铜，在这段时间里，最高产量的1923年也仅是500吨，远较清代为低。云南产铜最多的东川地区，最高的1923年是371.7吨。在1912—1938年的26年中，东川铜的总产量是7295.97吨，平均每年只有278.97吨①，比清末商办和省营两个阶段的平均年产量都低。1936年成立的云南电气制铜厂，虽然采用电解方法把东川、易门、永北（今永胜）等地的粗铜提炼到99.9%的成色，但它的规模不大，产量有限，而且产品主要做兵工原料使用。

在这个阶段中，除了铁的产量有一些上升而外，铅、锌、金、银、锑、钨等矿业的生产情况并不比铜好。有的是时停时办，有的是停了就没有再办，而有限的生产也多半是附近居民为了维持生活，沿用古老的方式进行的小规模的零星生产。1914—1918年第一次世界大战期间，帝国主义国家在昆明、蒙自等地设立公司，收购铜、铅、锌等有色金属以供战争需要。自民国以来，仅会泽铅矿中，年产三五百吨之粗锌，罗平也有相当产额，"至民国四五年间，锌价暴涨，滇省产额，曾达一千五百吨以上"，到了"民国六年，锌价复跌，渐次停办，其能维持者，仅会泽矿山麒麟二厂而已"。②

金、银生产亦是一落千丈。金矿除了1930年有杨姓商人在墨江坤涌招工开采时间较久以外，基本上都是金矿附近的居民，使用简单的土法开采或淘洗金沙，进行零星的生产。有的试办了即停止，有的时开时停，产量甚低，以致无法进行精确统计。现只知道墨江坤涌金矿1930—1936年共产金2100两。银矿除原有的双柏石羊厂封闭以外，还开发过骒马店银厂（1922年）、新平小黑箐银厂（1925年），但都因了无成效，不久都停办了。

至于铁，云南虽然有很多产铁地区，蕴藏量也比较丰富，但也都是时兴时废的小量采冶，而且主要是当时人民趁农闲季节用土法采掘，炼出的铁也主要是用来铸锅和制造农具，就地消费。以往镇雄、镇南（今南华）、顺宁（今凤庆）、景东等县年产铁千吨以上，但此期间也都早已停歇。只

---

① 朱熙人等：《云南矿产志略》，国立云南大学，1940年，第25页。
② 朱熙人等：《云南矿产志略》，国立云南大学，1940年，第42页。

有鹤庆县的北衙铁矿矿质较好，年产约 670 万斤。据 1925—1935 年云南各主要矿产历年产量的统计，全省铁的产量最高时为 5833 吨（1933 年），最低时为 3100 吨（1926 年）。腾冲附近也有铁厂，出产铁锅、铁锭，运往缅甸销售，但具体的产量不详。

云南的锑虽然在民国初年就已经有开采，而且产量仅次于湖南，在第一次世界大战时曾年产 1000 吨以上，但只兴盛了一时。云南的钨发现较晚，1936 年帝国主义大量收购钨锑，官商合办的"云南钨锑股份有限公司"下设个旧、平彝 2 个分公司，每年可产钨精矿 1300 多吨、锑 100 余吨。当时云南的钨精矿出口值仅次于大锡，居全省第二位。《云南概览》说："欧战期间，锑价骤涨，采办者风起云涌，如芷村宝华与平彝补乃两锑矿公司，制炼能用新法，出品尚佳，年可产纯锑数百吨，售与各洋商，获利甚厚，旋因欧战告终，锑价渐次跌落，各公司遂相继停办。"[①]"钨矿最近乃于个旧锡矿中发现，月可产钨 30 吨，运往海防销售。"另据国民党资源委员会研究室印行的《云南之钨锑》的统计，1915 年锑产量为 1487 吨。1920 年前所有注册的锑矿业，一战结束以后完全停办。

一战后不久，各帝国主义国家立即加强了对中国的侵略活动。云南丰富的矿产，历来是帝国主义掠夺的对象之一。帝国主义为了把云南作为矿产供应地，采用廉价收购原料的方法来获取高额利润，损害了民族资本的利益，引起了民族资本和帝国主义之间的矛盾。法国利用滇越铁路与法越海关扼住云南进出口贸易的咽喉，也控制了云南矿产的运销。日本、美国等则以派遣技术"专家"、组织合营公司等名义，搜集云南矿产资源情报，企图控制云南矿业生产。1913 年，山口义胜以日本"地质学家"的身份，详细调查了东川铜矿的地质和储量情况，建议当时云南地方政府，使用日本的技术力量，扩建东川铜矿，企图利用云南的廉价劳动力，为日本垄断资本搜取铜矿资源，后以经费筹集困难未成。1918 年，美帝国主义与云南地方政府勾结，准备合资兴办"美兴公司"，开发腾冲金厂河金矿，但因遭到英国的反对而没有实现。[②] 另外，云南地方官僚资本在贪婪无厌地吮

---

① 京滇公路周览筹备会云南分会：《云南概览》，1937 年，第 60 页。
② 云南大学历史系、云南省历史研究所云南地方史研究室：《云南冶金史》，云南人民出版社 1980 年版，第 122 页。

吸人民血汗膨胀起来的同时，也不断地对民族资本施行排挤打击，民族资本力量微弱，往往反抗不成。而资本家之间也充满了残酷的争夺，在云南冶金工业中，这种竞争大多不是通过改进技术与提高生产力来进行，更多的是以赤裸裸的掠夺乃至大规模的武装械斗来进行。《个旧厂地歌》描写这种层出不穷的斗争纠纷说："不是争尖夺锤，便是偷碛霸垅。不是侵占厂位，便是报请总镶。不是烧杀抢掳，便是提刀弄枪。不是先进商会，便是具控官场。"① 在这文字背后是资本家们不惜牺牲矿工们的生命去争夺财富。仅仅 1924 年在"荞芭硐"的争夺战中，资本家用火药、椒子、麻布堆在硐口焚烧，用浓烟活活呛死了另一家尖子的 48 个工人。资本家们在争尖夺厂斗争中已经达到了丧心病狂的程度。

政治势力与武装力量的强大与否，是资本家之间谁战胜谁的决定性因素。东川的"豹子大少爷"持枪强占别人的富矿，对方没有武力和他对抗，只好低价让其开采。所以这个地区中势力强大的炉户、磺户霸占东川汤丹上桃园等中心地区强行开采，较次一等的则在中心地区的边沿开采，一般小生产者到白锡腊等较远的地方躲躲藏藏地干，势力小的如果开出了旺矿还有被夺走的危险。在个旧，不少的资本家都有自己的政治后台，并有一定的武力，所以在彼此势力不相上下的情况下，有的为了破坏对方发财的门路，往往不惜使用各种狠毒的手段，例如烧毁"伙房"，驱散对方雇佣的工人，破坏垅磺、窝路等，这样不仅使当时的生产无法进行，而且也给以后的修复工作造成了不少困难。反动政府和商会组织，虽然曾制定过许多调停和制止纠纷的条例规章，如 1920 年个旧商会的厂争暂行规定、1930 年国民政府公布的矿业法和施行细则等，但这些措施往往只是一纸空文。

总体上，云南冶金工业中的民族资本发展极不成熟。在东川等地，磺户、炉户多半是当地的地主，在矿山上积累的财富，大多用以买田置地，很少用作厂尖的扩大生产。雇佣关系也很不充分，矿工名义上是自由受雇的，但实际上其中许多是被引诱欺骗而来的。资本家通过"月活头""槵

---

① 苏汝江编著：《云南个旧锡业调查》，国立清华大学国情普查研究所，1942 年，第 56 页。

头"哄骗许多破产农民来到矿山，一到矿山就在厂主的皮鞭酷刑下干活，有部分工人还丧失了人身自由。矿山生产水平普遍不高且提高极其缓慢，资本家一般只图眼前得利，专挖富矿，很少在生产设备的改进和增加方面投资，没有较长期开发的打算。以民族资本较为发达的个旧锡矿区来说，从事锡矿开采冶炼的资本家数量不断增加。其中一小部分的经营资金和范围也有所扩展。但一般说来，在生产规模与技术设备方面进展都极为缓慢。除了几个官商合办的公司之外，几乎全部厂尖仍然使用手工生产，没有向现代化机器大生产发展，因为资本家可以残酷剥削矿工以获取利润，所以都不愿意改进生产设备而沿用旧法采炼。据调查，到1936年为止，云南的各种矿业中，在采矿洗选方面，仍然是使用手锤铁铄凿岩放炮、移塝就水等办法采矿，煤石灯与黄色炸药虽已采用，但还很不通用。在冶炼上仍然是土炉、大炉。排水通风设备也仍沿袭传统。勘探采炼还带有较大的盲目性，经营分散，规模狭小。这使大多数资本家都不愿把已经积累起来的资本继续投入矿业，进行扩大再生产。这也就决定了矿工劳动条件的极端恶劣。

（二）云南冶金工业中地方官僚资本的存在

辛亥革命以后，云南地方军阀借"护国""护法"之机，大量扩充军队，发展自己的实力。以唐继尧、顾品珍、龙云等为首的地方官僚势力，依靠武力并以一定的帝国主义势力作为后台。为了更加发展自己的势力，他们把利用枪杆和政治特权从人民身上刮削而来的钱财，投入到开设银行、商号和经营厂矿企业上去，因而在云南的经济生活中也形成了一个具有相对独立性和排他性的垄断势力。民国初年唐继尧执政时代，开始办理一部分厂矿企业。龙云上台以后，这种以地方政府为名的官僚资本就几乎囊括了整个云南的金融和实业，基本上自成一个体系。云南地方官僚资本所投资经营的企业，名义上是官商合办，但在各企业中，官方实际居于统治地位。地方官僚资本一方面依赖帝国主义的势力巩固统治，一方面又因利相争。不过鉴于采用新法生产的工厂，全部机器设备都是购自帝国主义国家，而且以后修理和补充配件事事还得依赖他们，因此地方官僚资本和帝国主义的明争暗斗只是次要的一个方面。

对于民族资本，地方官僚资本却极尽其压迫、排挤、打击之能事。除了在一些官商合办的企业里官股占绝对优势，把持管理权等以外，还利用"抄尖""夺底""购买""逼账""迁界碑"甚至武装械斗等手段，夺取民族资本经营的私矿。在没有苛捐杂税侵扰的环境中，官僚资本发展迅速。

二、全面抗战中冶金工业的起落（1937—1945年）

全面抗战开始后，随着东南沿海地区的沦陷，原来比较发达的沿海工业落入敌手，西南地区变成了军需物资和民用工业品的主要供应地。由于战时经济的需要，西南的军事工业和与其相关的重工业都有较快的发展。与此同时，东南沿海和华中相继沦陷后工业内迁所引起的技术力量和资金的转移，以及华侨投资的增加，也为云南冶金工业的发展提供了有利的条件。1938年初由长沙迁来的昆明炼钢厂，1939年相继成立的中国电力制钢广和云南钢铁厂等都曾带来一批技术力量。而内迁的工业以及云南本地适应这种情况而兴起的民用工业，都对提供原料、燃料的采掘工业提出了更大的要求。这种情况直接刺激着云南冶金工业的进一步扩大生产。长期以来停滞不前的东川铜矿，也由于军事工业的需要有所发展。就新式厂矿的工人人数来看，云南省在这个时期中，已由战前的2000多人增加到数以万计。此外，仅泰国侨胞在1939年汇到云南的款项即达到4000余万元，越南的华侨对云南的开发也积极地贡献了力量，这些投资的一部分对云南冶金工业的发展无疑地起了一定的推动作用。①

抗战的全面爆发，使得矿产价格上涨，利润提高，追逐利润的资本家也乐于投资开采。比如黄金，由于抗战开始后可以充实抗建基金和直接换取外汇，金价高涨，因此，不少人呈请领区设权，投资开采，遂使云南金的产量迅速跃增，到1939年达到17000两左右；1938年，个旧创办第一个炼铅厂——兴丰炼铅厂，一开办就获得50%的净利；1937年，个旧锡务公司净盈余额达232万余元。1938年外汇跌价，也创造了云南矿产出口的大好时机。加之抗战初期物价还相对比较平稳，没有后期那样恶化，因此

---

① 云南大学历史系、云南省历史研究所云南地方史研究室：《云南冶金史》，云南人民出版社1980年版，第168页。

还能稳定生产。这些都是抗战前期云南冶金工业得到发展的国内因素。

再从当时的国际形势来看，这一时期正是第二次世界大战爆发的前夕，而且部分地区已经爆发局部战争。当时各个帝国主义国家都在积极地扩军备战，竞相储备战略物资，国际市场的需求量增大，刺激了云南矿产输出量的增加。在日本帝国主义尚未占领越南、缅甸等东南亚国家，截断云南矿产的输出路线以前，云南矿产经由香港外销的输出量便一直呈现不断上升的趋势。大锡在1938年的输出量即较上年增加了22.5%，价值也增加了20.2%。到1939年，仅锡、锑、钨三项战略物资经香港外销的总值就占了全省矿产总值的70%以上。[①] 这些事实表明，这时的云南冶金工业是为适应当时需要而发展起来的。

云南冶金企业数量快速增加。一方面，私人资本开办的小型企业得到发展；另一方面，1938年以后四大家族官僚资本和云南地方官僚资本也开办了一些新式冶金企业，主营铜、铅、锌、钨、锑、锡等战略原料生产，并部分地采用了机器设备。

随之而来的是各种矿的产量和产值的提升，根据《云南矿产志略》统计的1939年各种金属矿产的情况来看（见表3-2），各矿产总值达到了9000多万元。1945年5月，云南省农林工矿展览会展出的各种矿产产量与此表基本相符。又据1941年1月《云南日报》载，1939年个旧大锡生产量为5193张，总值64912500元。另外，抗战时期所编的《云南经济》中，根据张肖梅在1939年和当时"国民经济研究所"的朱尔嘉等到云南调查的结果，认为当时云南矿产产值已跃居全国第一位。如此来看，《云南矿产志略》的这个统计数据虽然不一定十分精确，但它反映出了1939年云南冶金工业已发展到一个新的高峰。与之相应的，云南对外贸易额增长快速，并且从1937年起连年保持出超。

---

① 云南大学历史系、云南省历史研究所云南地方史研究室：《云南冶金史》，云南人民出版社1980年版，第169页。

表3-2 1939年主要金属矿产的生产情况①

种类	年产额	平均单位值（国币元）	总值（元）	销路	附注
铜	700吨	1200	840000	昆明及四川	东川400吨，永胜250吨，其他50吨
银	50000两	13	65000	昆明及各县	多由昔日炼银炉渣中提出
铅	800~1000吨	850	680000~850000	昆明及四川	除会泽矿山、麒麟二厂及其他小矿外，余十分之六七由昔日炉渣中提炼
锌	1000吨	850	850000	昆明及四川	除会泽、罗平二处外，余由昔日炉渣中提炼
锡	10000吨	5000	50000000	香港	个旧各厂之约计
钨矿	2000吨	5000	10000000	香港	约计个旧、文山、龙陵等处
铁	50000吨	320	16000000	昆明及各矿附近	滇省各矿
汞	3~5吨	14000	52000~70000	各矿附近之金矿	滇西各矿
锑	600吨	11000	6600000	香港	滇南各矿
金	17000两	450	7650000	当地及昆明	滇省各矿

  这一时期云南冶金工业虽然得到较大的发展，但这种发展主要是由军事、政治情况的变化所引起，而不是云南冶金工业本身正常发展的结果。因此，这种发展是不稳定的。随着抗战后期军事、政治情况的变化，云南

---

① 表见朱熙人等《云南矿产志略》，国立云南大学，1940年，第14页。

冶金工业又走向衰落。

抗战后期，云南冶金工业在官僚资本垄断势力的扩张和对私矿的扼杀中，逐步沦于破产。"四大家族"官僚资本进入云南并逐渐扩展，与仍然保留着经济实力的云南地方官僚资本不可避免地产生矛盾，同时双方又联合加强对云南人民的掠夺，冶金工业首当其冲。

1940年，国民政府在个旧强制推行"大锡统制"政策，掌握了锡的全部销售市场和运输工具，强行规定私矿产锡必须按官价卖给"资源委员会云南出口矿产品运销处"，再由这个机构运销美国。在未实行"大锡统制"以前，厂商所炼之锡，售与"广帮"而后运销外地。"广帮"除收购现锡外，有时还预垫款项订购大锡（即枝花锡）。因此，一般厂商在安排生产时，除了可得到银行贷款补充资金外，还可以预卖"枝花锡"，使资金周转比较灵活，所以投资采矿炼矿的人日见增多，使产量逐年上升。自从实行统制以后，商人不能自由收购，各方贷款停止，资金周转困难。而收购价又低于成本，而且手续繁难，所付价款不能一次交清，常常拖欠累月。厂商因而不能继续维持生产，产量逐年萎缩，在物价飞涨、生产成本不断提高的情况下，"大锡统制"政策的推行无异乎宣告私人资本的死刑。除此之外，滇北公司对全省铜、铅、锌也同样采取统制收购政策。1939年11月，国民党资源委员会云南出口矿产品运销处成立，管理云南锡、锑、钨等出口的运销。官僚资产阶级通过"经济统制"，对云南冶金工业特别是其中占重要地位的矿产品，从生产、运输到销售，进行了层层垄断，从而扼杀经营这些矿业的私人资本和小生产者。

随着官僚资本对云南冶金工业垄断的加强，云南冶金工业中的私矿纷纷破产倒闭。私矿原是云南冶金工业中占很大比重的组成部分，分布在冶金工业的各个环节。个旧这样大的矿区中，私矿就占有90%以上的比重，有不少矿区甚至几乎全部是私矿。私矿经营在官僚资本垄断势力的扩展下遭到扼杀，加之英美帝国主义垄断矿产价格及销售市场和日本侵华战争，致使云南冶金工业停工减产，云南冶金工业也就陷于衰落。

三、抗战胜利后云南冶金工业的破落（1945—1949年）

抗战胜利后，以蒋介石为首的国民党不顾全国人民要求和平、民主、独立的愿望，投靠美帝国主义，发动了反共反人民的内战。内战中，国民党政府大肆搜刮人民，疯狂地征粮、征税、征丁和滥发纸币。在美蒋反动派的残酷掠夺下，国民党统治区农村凋敝，工业破产，金融紊乱，物价飞涨。早在抗战后期就已经趋于衰落的云南冶金工业，这时更是每况愈下，一蹶不振。

抗日战争胜利以后，"四大家族"在美帝国主义的支持与帮助下，在东北、华北、华中、华东、华南、台湾等地区接收了大量的敌伪财产，把所有的银行、企业、工厂、矿山垄断在自己的手里，强占人民的胜利果实。为了集中力量掌控沿海沿江一带的大企业，榨取更大的利润，把在云南开办的一些冶金工业企业停的停，并的并，缩小的缩小，但同时又仍然紧紧把控着矿产的开采权，不允许地方官僚资本和民族资本介入，云南的冶金工业陷入瘫痪状态。云南钢铁厂在抗日战争胜利后便停产关门，职工全部遣散，只留下8个人看管企业；昆明炼铜厂在1946年并入昆明电工器材厂后，工人被遣散，设备被运走；中国电力制钢厂的生产日益缩小，1948年停工达八九个月之久，最后抵押给国民党中央信托局；滇北矿务局在1946年初结束，改为保管处，所属东川、易门等铜矿和会泽铅锌矿的生产也相继停顿。① 至1949年新中国成立前夕，云南大部分厂矿多已倒闭，能够勉强维持生产的厂家已寥寥无几了。

云南冶金工业的凋零残破景象，反映在所有的矿区中。曾经聚集上万人的东川矿区，到新中国成立前夕，杂草丛生，狼群出没，设备器材被盗窃一空。曾经聚集过数万矿工的个旧闹市，私营厂矿纷纷倒闭，仅存的云锡公司也已经奄奄一息，只剩下不到过去十分之一的工人。矿区内杂草塞路，硐尖荒芜，街头巷尾一片凄凉。

四、矿工的苦难与反抗

（一）矿山苦难

云南矿冶业的工人，政治地位低下，劳动条件恶劣，受到残酷的剥

---

① 云南大学历史系、云南省历史研究所云南地方史研究室：《云南冶金史》，云南人民出版社1980年版，第210页。

削。许多矿厂使用暴力来无限制地压榨工人劳动，无论是官商合办的公司，还是私人经营的矿尖，都有大批厂丁、监工监视和镇压工人，甚至使用残酷的手段杀害工人。为了获取利润，资本家甚至不惜残害工人的生命。许多厂尖，不仅是年底才发工资，用各种借口长期拖欠工人的工资，一直抵赖不给，甚至还诬赖工人倒欠工资，以便借此束缚住矿工，使工人长期忍受他们的奴役和剥削。《云南个旧锡业调查》记载："私营厂尖矿工之工资发放日期，大都不定，矿工若有需用时，则酌量给予若干，暂记账上，俟年终或退红时一并结清，但多有年终并不结清，冀使矿工于次年仍回厂工作者。"①

生产方面，除了少数公司拥有部分机器设备以外，绝大多数厂尖仍然以土法生产为主，矿山里的设备极为简陋，整个生产过程基本上依靠人力开展，广大的矿工负担着极为沉重的体力劳动，没有任何劳动保护和安全保障。

由于劳动中缺乏保护设备，以矽肺病（硅肺病）为首的职业病威胁着矿工的健康。硐中石粉飞扬，空气极差，工人们极易患上矽肺病，得病丧失劳动力的工人，便被一脚踢开，任其死亡。在东川、个旧、易门、会泽、澜沧等处矿山工作过的老工人们，都可以随便举出若干工人的这种悲惨遭遇来。最艰苦的是占矿工总数80%以上的"砂丁"，他们在资本家的逼迫下，每次负荷几十斤乃至上百斤的墉（含矿的土），从长达几百米到上千米以上的窝路运到硐外。窝路潮湿，狭窄低矮，有些地方还是直上直下的石头路，既硬又滑；有些地方因常年积水，形成"涝塘"，水中又含有砒毒，沾着了奇痒难熬，甚至溃烂成疮。"砂丁"背负墉萝（东川）或墉包（个旧）进出硐子，用手脚、膝、肘支撑着爬行前进，所以有"八只脚走路""蚂蝗伸腰""长虫脱壳"等形容。易门矿工在歌谣里唱道："世道不公，把人当驮牛，驮子歪歪自己挡（云南方言，往上推与扶正的意思），腰杆直不得，两个墉包往后溜，前手短，后脚高，挂着两根小木头（垫手用的小木块）。"个旧厂地歌谣则讲道："鹞子翻身葫芦口，长虫蜕皮

---

① 苏汝江编著：《云南个旧锡业调查》，国立清华大学国情普查研究所，1942年，第73页。

曲又折。"东川的"砂丁"同样如此。由于长年这样佝偻行走，矿工们的身体备受摧残，一个个弯腰驼背，两手、两脚及肘拐、膝盖长起厚厚的老茧。三九腊月天，"砂丁"脚下连草鞋也难穿上一双，茧厚到踩在通红的炉渣上都没有感觉。有人的脚绽裂开缝，没有钱医，只好用针线连起，再抹点蜡补上。

矿工们描述进硐工作的痛苦情况时说："手提汽灯（煤石灯）一盏，肩背好堽两囊，手拄哭丧棒子（指杵手），耳插汗片亮堂（云南方言称光亮为亮堂堂，汗片是牛骨制成，用来刮汗的），横头左右督率，要想偷闲无方，窝路极端狭小，左爬右跪难当，堽包越背越重，血汗流齐胸膛，来到磲门之处，抬头始见日光，平地慢慢吸气，咳嗽尽是泥浆，窝路好似地狱，出来好似还阳！"要是在草皮尖上工作的人，那就是"若是草皮尖子，两头不见日光，肩挑瓢箕一对，手拿索子一双，天干若不挑够，下雨不能揉堽，春天日长夜短，金鸡一唱心慌，任你忍饥挨饿，起早睡晚如常，任你陡推吊井，只望矿砂连塘，脚步稍走疲（云南方言中慢的意思）点，横头噪骂叮咣，似此艰难苦楚，皆为衣食奔忙"①。

由于资本家不肯多花榷木支撑坑道，挖掘又无计划，再加上专挖富矿，不但破坏矿脉，而且经常造成重大伤亡事故，复磲、塌方、垮岩的惨剧层出不穷，因此矿区的谚语说："进硐阴间世，出来才算人。"1920年，个旧马成硐垮岩，一次压死工人200多人；1935年，个旧天良硐也发生压死100多人的事故。东川铜矿工人李玉财在新中国成立前曾经三次遇险，19岁时右脚被矿石压坏，30岁时垮下来的岩石把他堵在硐子里，差点爬不出来，47岁时左脚又被打跛。每当诉说往事，他说："我是死过几回的人了。"② 矿工终年劳累，犹如牛马。遇到伤亡事故，资本家并不按厂规、条例办事，莫说是抚恤，就是几块木板、一床草席也不易得到。有的被丢在深山老箐中，任豺狼撕啃，荒塚累累，白骨成堆；有的就永远被掩埋在矿硐中，工人们哀叹说："死的苦，埋的深。"矿山实际上变成了工人们的

---

① 云南大学历史系、云南省历史研究所云南地方史研究室：《云南冶金史》，云南人民出版社1980年版，第150页。
② 云南大学历史系、云南省历史研究所云南地方史研究室：《云南冶金史》，云南人民出版社1980年版，第150页。

牢狱。

当工人到矿山后，招募时允诺付给工人的安家费、路费，发给工人的毡帽、草鞋、刮汗片，工作中照明的灯油等花销，资本家就一并从工人工资中扣除；工人有不顺从的地方，便罚款，扣掉工人应得的工钱。有的还无中生有，把债务强加在工人头上。他们还任意涂改账目，使不少工人干了很久都得不到一点工钱。到结账时，拿出写着"不欠""发清""长支"等字样的账目来，工人们数月的血汗钱就这样被白白吞掉。所以矿工们说："算盘一响，眼泪直淌。"更有甚者，用假钞票蒙混工人，用高利贷盘剥工人。贫困的矿工们家无隔宿之粮，贫无立锥之地，往往被套上高利贷、印子钱的锁链。

资本家还控制生活日用品的供应，操纵物价，物价贵时资本家就发钱，物价贱时资本家又改发实物，这是资本家对工人剥削的又一手法。在易门、澜沧、个旧、东川等地，几乎矿区所有的生活日用品，完全被地主、资本家所操纵。他们除了哄抬物价，还缺斤少两地克扣，用斗量的一斗起码少半升，用秤称的一斤至少要少一两，拿尺量的一尺至少要短一寸五分。炉户、磴户、厂商等在收购矿砂时，往往有意低估品位成色，降低市价，同时又尽量加大秤头。

在矿山还有大量学工、童工和女工，其待遇比一般工人还要恶劣得多。在私矿当学工，要先白白爬三个月，不但分文不给，还要自带伙食。劳累一天后，还要在资本家的家里服役。狭小的窝路，只有年幼体小的童工全身爬在地下才能钻得进去。为了获取利润，毫无人性的资本家便大量使用童工，而童工干着和成年人不相上下的活，待遇却只及成年人的一半。成百上千的童工，都被一箩箩、一包包沉甸甸的矿石压得骨瘦如柴，直不起腰来，严重地妨碍了身心的发育和成长。

图 3-1 个旧矿山背矿的童工[①]

矿工多数都是衣不蔽体，无分春夏秋冬，一般只有一件麻布水衣，胯下兜一片"坐马"遮身。最好的也不过是戴顶油污的小毡窝帽，披件羊皮过冬。吃食是"老妈妈汤"和山茅野菜。在公司工作的矿工，虽有"伙房"可以住，但都是几十个人住在一起，而这拥挤不堪的地方，空气非常污浊，到处是蚊子、苍蝇、臭虫、跳蚤、虱子，一有疾病，很容易传染成灾。私营厂尖住宿的条件更差，在破破烂烂的茅草棚里，一张板床要睡二三人，甚至四人合住，屋里只楼梯口稍露亮光。更有一些小硐子，根本不管住处，一些无家可归的矿工，往往到硐子里去过夜，好的不过垫点蒿帘子，死了就用它裹尸。会泽、澜沧、易门等地许多矿工住的都是些外面下大雨，里面下小雨的房子。

矿山上根本没有什么医疗卫生设备。除了矽肺病和铅中毒等经常威胁矿工的健康和生命外，由于饮水不洁、空气污秽、工作环境和住地龌龊不堪、食物霉烂等种种原因，各种疾病非常流行。据统计，当时东川矿区十分之七的人害眼病，五分之二的人有大脖子病（甲状腺肿）；易门矿区许多工人因风湿、痢疾、疟疾等疾病丧失了生命。老板们对工人的疾病和死亡情况无动于衷。在当时聚集了近千名工人的易门三家厂，只有厂办公地

[①] 图片来源于蔡志澄《云南个旧锡矿一游（附照片）》，《福幼报》1948年第4期。

的"官房"有一个医生，而这个医生只给课长先生们看病。在矿区，呼吸系统病、皮肤病、寄生虫病、眼病、肠胃病、流行性感冒、伤寒、霍乱等疾病都严重地摧残着矿工的健康，夺去了许多工人的生命。当时人记载："厂地最极潮湿，便溺又无粪缸。饮食毫无节制，冷热不分青黄。年年五六月内，疾病大得非常。你看荒郊野坝，尸骸尽露道旁。试问谁无妻子？试问谁无爹娘？试问谁无恻隐？试问谁无肝肠？"①

1919 年 11 月 14 日，个旧厂砂丁张金山等人在请愿书中写道："民等生计艰难，异常苦楚，形瘁力疲，身轻命贱，蛇行山硐之中，蜷伏茅屋之内。短（裋）褐为衣，泥涂遍体，脱粟作食，蔬菜无缘。劳瘁甚于牛马，豢养不如犬彘。历尽凄风苦雨，饱尝稿壤黄泉。汗气熏蒸，溲溺污秽，酝酿生病，传染成灾，无人医治，遍地死亡，暴骨抛尸，伤心惨目。呜呼！受害至于此，极所得能有几何？计每丁每月受雇工价四五元、二三元不等，而砂丁局每人抽银四角，又在初到时，尚未支薪即需缴纳，穷而无告，情何以堪顾。"② 这些辛酸的倾诉，充分反映了矿工的痛苦处境。在这种极恶劣的生活和工作状况下，矿工身体受到严重摧残，其"身体大都枯瘦如柴，鸠形鹄面，颧骨高耸，下颚突出，或面部浮肿，脸色苍白。兼以出入硐内，面容污黑，眉目难分。骤遇之，令人不敢逼视"③。

矿工们终年辛劳，糊口尚且艰难，如何能掌握一点文化知识？在所有的矿山里，工人中的文盲比例极高。据统计，平均在 100 名矿工中，文盲有 80 人，小学毕业程度的只有 1 人。而"关于矿工之福利设施，全厂区中实属绝无仅有"。"所谓工人补习教育、工人夜校等，实非所顾及。"④

（二）矿工的反抗

在无休止的压迫和剥削中，矿工们掀起了反抗斗争。在全面抗战爆发

---

① 苏汝江编著：《云南个旧锡业调查》，国立清华大学国情普查研究所，1942 年，第 72 页。
② 云南省总工会工人运动史研究组：《云南工人运动史资料汇编 1886—1949》，云南人民出版社 1989 年版，第 145 页。
③ 苏汝江编著：《云南个旧锡业调查》，国立清华大学国情普查研究所，1942 年，第 74 页。
④ 苏汝江编著：《云南个旧锡业调查》，国立清华大学国情普查研究所，1942 年，第 73 页。

之前，工人们的反抗主要有五种形式。

一是破坏生产设备和工具。易门的矿工就曾在放炮以前，把已经架好了的橾木撬松，使放炮垮下来的大量废石深深埋住富矿。东川的工人会故意弄断钢钎，停工修理。运塘的砂丁则把富矿倒在窝路里，背废塘杂石出硐外。至于毁坏扁担、塘箩、铄子的事更为普遍。有些炉子上的工人，把木炭用水泼湿，使它不好燃烧，配料时故意弄错比例，影响冶炼成色。东川、会泽等地的炼铜工人，还往往有意制造"和尚头"（废品），使杂质和铜料一起沉积炉底。资本家最害怕工人撬坏窝路，因为在窝路修复以前，工人可以休息，而资本家则减少了收入。1927年有两个多月，个旧花扎口财神硐四五千步的窝路，就被工人连续撬垮了四五次，2000多名工人好几天没有干活。

二是怠工停工。长期高强度的强制劳作消磨了工人们干活的积极性，"下井硐睡觉，上山烤太阳"的事非常普遍。背塘的故意慢慢走，挖矿石的有意消磨时间。公司和私营厂尖都豢养了大批爪牙，公开或暗地监视工人，但是毕竟人少，不能面面俱到。东川、个旧等矿区的工人，都使用过通风放哨的办法来对付监工，只要这些家伙不在，工人们就放慢工作进度，降低工作效率。

三是逃亡。繁重的体力劳动摧残着工人的身体，有些工人不愿忍受这种非人的生活，或是受到其他厂矿的月活头、橾头的诱骗，离开厂尖逃亡他方，但也只是出了虎穴又进了狼窝。逃亡工人倘若被抓回，就会受到残酷的迫害。但是，工人为了争取生存，仍然冒着生命的危险，不断逃亡，而且由个别工人的逃亡逐步发展到大量工人的集体逃亡。1926年，个旧野猪塘有两个被暴力强迫抓来的工人先跑出去，约集了几十个同乡，捆绑了哨兵，打开了41个工人的脚镣，一起脱离了这个厂尖。1930年，在花扎口资本家马玉明的尖子上，也一次逃走了200多人。据《云南个旧锡业调查》的统计，100名矿工中，工作年限在三年以下的占63%；公司老厂矿场中，一个月退工比例占8.3%，逃亡比例占14.3%，二者合计共占总人数的22.6%。这种情况在私营的厂尖上更为普遍。这份报告在分析122个工人逃亡的原因时说："工作过于辛苦，或兼受橾头及上前人之压迫与虐待，不堪继续工作，故唯有逃亡之一途。"① 可见，残酷的阶级剥削和压迫是造成矿工逃亡的根源。

四是激于义愤的工人们，运用群众力量，殴打监工，迫使资本家做某些让步，这在各地矿山中也都时有发生。

五是建立自己的组织——弟兄会。工人们从自己与统治阶级及其走狗斗争的亲身经历中，逐渐认识到个人是没有力量取得斗争胜利的。虽然这时工人群众还没有觉悟到整个工人阶级必须团结起来，组织工会进行斗争，但是出现了原始的工人组织——弟兄会。在个旧、东川等地，较大的矿山都有这种组织的出现。它是以矿井、伙房，或以同乡、朋友的关系作为基础，用拜把结盟的方式联系在一起的。最初只是互相扶助，解决一下经济上的困难，但到后来，通过斗争的实践，弟兄会逐步发展成为团结工人、反抗资本家剥削压榨的一种组织形式。

到了全面抗战时期，由于物价飞涨，货币贬值，工人们的斗争也大多集中在伪钞等问题上。会泽铅锌矿在一次用伪钞发工资后，胡开科、谭兴成等19个工人邀约起来，决定把伪钞退回去，要求换发银圆。滇北公司得到消息后，立刻派了几十个矿警来镇压。但矿警还没有走到硐口，就被工人包围缴械了。在赶走矿警以后，工人们拿着石头、木棒，齐拥向滇北公司，人多力量大，迫使公司用银圆换回伪钞。1945年5月，在东川落雪矿也发生了拒绝用烂票子发工资的斗争，仍然是以工人的胜利而结束。②

抗战胜利后，由于官僚资本企业的停办、合并和缩小生产，造成了大批工人失业，工人处境更加恶化。因此，反抗斗争首先在争取遣散费的问题上爆发。如国民党资源委员会把昆明炼铜厂的机器运往上海后，把炼铜厂并入了昆明电工器材厂，厂方为了侵占工人的遣散费，今天两个，明天三个，把工人零星打发出厂。炼铜厂工人识破了厂方的诡计，聚集了100多名工人围住了厂长办公室，要求发给遣散费。经过工人的斗争，厂方才不得不在发遣散费的条子上签名盖章，答应工人被遣散时发给遣散费每人

---

① 苏汝江编著：《云南个旧锡业调查》，国立清华大学国情普查研究所，1942年，第69页。

② 云南大学历史系、云南省历史研究所云南地方史研究室：《云南冶金史》，云南人民出版社1980年版，第201页。

法币3万元。①接着，中国电力制钢厂、云南钢铁厂和云南锡业公司的工人也相继展开了争取遣散费的斗争，而且大多都获得了胜利。

与此同时，在业的冶金工人为提高工资、改善生活的斗争也在各冶金厂矿开展起来。个旧老厂的锡矿工人，在一个月的工资不能维持半个月生活的情况下，提出了"发放胜利奖金，增加工资，成立劳工工会"的要求，并推选代表到公司去交涉。公司以"煽动工潮，图谋不轨"的罪名，扣押了工人代表，还准备送个旧地方法院。消息传到厂里以后，工人们无比愤怒，当晚召开了工人大会决议罢工，并推派代表2人到公司提出抗议，要求释放被扣押的代表和实现工人所提出的要求。第二天，公司协理看到工人行动坚决，就采取缓兵之计，用表面妥协来扑灭斗争的火焰，答应释放代表、增加工资，至于成立"劳工工会"，则以容后商量来推脱。工人们在获得初步胜利后，就结束了罢工。不久，云锡机、选、炼三厂也展开了反对降低工资的斗争。事件的发生，是由于狡猾的官僚资本家利用抗战胜利后物价暂时虚假下跌的机会，宣布降低工人工资引起的。工人们见到布告后无不愤怒万分，于是三厂工人便选派了7个工人代表到公司抗议。三个厂的工人用怠工来支持自己的代表，如果公司拒绝要求，就立即转入罢工。经过斗争，公司才不得不贴出了"工人工资暂不降低"的布告。②

在人民解放战争进展神速、国民党反动派土崩瓦解的形势下，国民党统治区的工人运动、农民运动、学生运动进入新的高潮。云南冶金工人在党的领导下，掀起了如火如荼的罢工斗争。官僚资本经营的中国电力制钢厂，由于厂方疯狂地压榨工人，拼命地加强劳动强度，变本加厉地削减工资，并有意拖延发放时间，党组织决定组织工人向官僚资产阶级进行斗争。经过一系列的动员和组织工作，1949年7月，党通过"工友联谊会"召集了群众大会，决定向厂方提出"提高工资，改善生活，实行八小时工作制，工人参加管理"的要求，号召工人"反对剥削，反对压迫""团结起来跟资本家斗争到底"，并确定从第二天开始罢工，同时向外展开宣传，

---

① 云南大学历史系、云南省历史研究所云南地方史研究室：《云南冶金史》，云南人民出版社1980年版，第222页。
② 云南大学历史系、云南省历史研究所云南地方史研究室：《云南冶金史》，云南人民出版社1980年版，第222－223页。

以便扩大影响，争取其他厂的支援。这次斗争，在党组织的领导下，工人团结一致，广泛发动群众，声势浩大，官僚资产阶级被迫做了让步，承认了工人提出的要求。随后，资本家指使爪牙拉拢一小部分工人，组织起所谓的"人民福利会"，打起为工人谋"福利"的幌子，与工友联谊会对抗，企图搞垮工友联谊会。这时，人民解放战争势如破竹，官僚资产阶级打算卖掉工厂设备，卷款逃走。于是他们利用"人民福利会"找一些工人联合签名，要求厂方发遣散费。党组织立即向工人揭穿了资产阶级的阴谋，并通过工友联谊会，号召工人起来反对盗卖机器设备和关厂。在党的领导下，工人们立即展开了护厂斗争，一方面派代表向厂方提出抗议，反对发遣散费、关厂，同时选派十多个工人，查封了昆明办事处的仓库，把物资器材看管起来，厂内的机器设备也由工人监管，一律不准运出厂外。在工人的强烈抗议和严密监督下，资本家的计划被粉碎了。

与此同时，罢工斗争的浪潮也席卷了个旧矿区。1949年12月初，在党的领导下，以机、选、炼三厂为核心，通过提出改善生活和反对不合理制度的要求，也掀起了空前未有的大罢工。这次罢工的直接原因是，厂方为了榨取工人，延长工时，降低工资，实行上班要挂牌，出厂要搜身的制度。这次罢工斗争，由个旧县委和矿区区委亲自领导，机、选、炼三厂党支部具体主持，由工友联谊会出面组织。罢工首先从骨干力量较强、群众基础较好的炼厂开始。炼厂罢工以后，机厂、选厂相继罢工，举行了机、选、炼三厂工人的示威大游行，沿途高喊口号，四处张贴标语。老厂、马拉格厂和其他厂矿立即罢工支援。全县的学生和市民也集会声援，一个声势浩大的罢工运动波澜壮阔地开展起来了，斗争进入了高潮。公司看到情势严重，准备妥协。公司协理再三要求工人派代表谈判，党组织认为谈判的时机已到，经请示上级党委，同意进行谈判。在强大的有组织、有领导的工人队伍面前，在中国人民解放军快进入云南境内的情况下，公司只好让步，答应了工人的全部要求，斗争获得了胜利。

工人们早期的这种较原始朴素的斗争形式，局限于经济方面的、局部的小规模斗争，虽然未能撼动旧制度和旧社会的压迫剥削，但表达出了工人们反抗资本家剥削的决心。而从抗战前到战后，云南冶金工人的反抗斗争从个别反抗发展到集体斗争，从殴打、暗杀发展到抗议、罢工说明了云南冶金工人运动在不断地向前发展。

五、矿山上的红色身影

中国共产党成立不久，就在云南展开了工作。1927年，蒋介石叛变大革命以后，中共云南党组织的工作重心由城市转向农村、矿山和铁路沿线。在此之前，为了配合全国革命形势的发展，党先后派出曾在广州农民运动讲习所学习的李鑫、杜涛以及巨伯年、戴德明等同志到蒙自、个旧、屏边一带组织工人和农民运动，在工农群众中宣传革命理论，建立和发展党的组织，并以滇越铁路、个碧石铁路、个旧矿山为重点，成立了省的工人运动委员会，在铁路各站也建立了秘密工会。蒙自县（今蒙自市）革命烈士纪念碑记载，李鑫、杜涛二烈士均于1926年入党，李鑫担任过中共云南省临委委员，杜涛担任过云南省临委候补委员，二人先后担任过中共迤南区委书记。

李鑫、戴德明、巨伯年等同志先后进入马拉格等矿山，深入矿区开展工作。李鑫同志善于团结工人，进矿不久，就建立起秘密工会，并且运用民间曲谱，编成通俗易懂的歌谣《走厂调》《十二杯酒》等来启发工人的觉悟。戴德明、巨伯年等同志也用印发传单、小册子的方式进行宣传。党的活动和工人们的斗争引起了反动派的警觉，他们加紧进行镇压。1929年5月，由于李鑫曾在昆明工业学校教过书，被曾任该校校长的经理发现并遭逮捕。接着，反动派在全矿进行了大搜查。戴德明、巨伯年等同志也先后被捕。10月，3位同志被国民党云南省政府杀害。

烈士们为人民解放事业献出了自己宝贵的生命，他们的光辉形象永远活在矿工的心中。但是，之后一个时期内，由于还没有建立起党在矿山里的组织，反动派和资本家又加强了统治和迫害，在交通不便和外界联系较少、生产分散落后的情况下，工人运动暂时进入了低潮。直到红军长征过云南，再一次给矿山工人带来了新的希望。

1935年5月，路经云南的红九军团攻入会泽城（原东川），并召开了公审大会，根据人民意见，处死了民愤极大的国民党反动政府县长杨茂章和大恶霸地主刘善初，并且把他们掠自人民的财物、粮食还给穷苦人民，群众十分感动。5月7日，红九军团来到拖布卡。起初，由于反动派的宣传,一些人受蒙蔽离去,经过红军的宣传工作及和群众的联系,群众很快消除了顾虑,又都先后回来。红军到处写下"打倒恶霸地主"等标语口号,在穷苦大众中产生了很大的影响。接着,红军又将恶霸地主的财物、粮食发还给穷苦的人。红军买卖公平,不拿群众一针一线,给群众留下了良好的印象。红军在这里停留的三天中,和劳动人民结下了深厚的感情。不少群众在明白了革命的道理后,纷纷参加了红军。队伍渡过金沙江后,清点在东川加入的人数,总共有1000多人,于是专门成立了一个独立营,这就是有名的"扩红潮"。由于炉户、磲户封锁消息,矿工肖连银、马荣开、熊发清等20多人事后才听说红军走了,他们立即追到会泽,又从会泽追到拖布卡和金沙江边,想参加红军,但因为无法渡过金沙江,才不得不返回。红军在云南的时间虽然不长,但给矿工留下了深刻的印象,这在歌谣中深有体现。

红军未来怕红军,
红军来了爱红军,
红军走时送红军,
红军走后盼红军,
不是红军闹革命,
我们世世代代还是穷砂丁。

党和红军的活动使广大的矿工受到启发和教育,提高了阶级觉悟,逐渐增长了革命的思想。1936年,个旧马拉格锡矿又开展了一次比以前规模更大的罢工,索道车间150多个工人在老工人马贵云、段玉清、李洪顺等的领导下,决定到个旧去找总经理讲理,决心"不发饷、不发奖金就不上班"。总经理迫于情势答应了工人的要求。这次斗争使工人明确地认识到,只有团结起来,进行坚决的斗争,才能取得胜利。在斗争中,工人们开始采用了说理说法的斗争方式和罢工的手段。这就较前面所说的怠工、逃亡等消极斗争形式提高了一步,不但斗争的目的性比较明确,而且带有积极、进攻的性质。

1940年,党派人到个旧的曙光日报社,并以此为据点开展工作。1941

年春，党在个旧成立了支部，党员们分布在学校和工矿之中，积极开展工作。这段时期，党在个旧的工作虽然多半局限在文化界和知识分子中，直接到工人中去的不多，但党在工人中的影响仍然不断增长。

在中共滇南地委和个旧县委的领导下，个旧锡矿成立了矿区区委，派遣党员到矿山建立组织，领导斗争。党员进入矿山以后，立刻成立了党小组，并根据上级的指示，确定建立党的外围组织——"翻身会"，把工人运动中的骨干分子团结起来。经过一系列的斗争和筹备工作，党支部通过党员和翻身会员在群众中酝酿成立工会。1949年下半年，老厂、（机、选、炼）三厂、马拉格矿等厂矿都纷纷成立了"工友联谊会"（老厂叫"工人联谊会"）。党直接领导了工友联谊会的工作。在党组织的领导下，工友联谊会发展很快，成立不久，绝大多数的工人都加入进来。在后来的罢工斗争和护厂斗争中，工友联谊会起了很大的作用。

1948年后半年，在解放战争节节胜利的形势下，党所领导的革命武装——滇黔桂边区纵队六支队，在会泽县东北建立了中共者海区委员会，领导者海老矿山一带的地下斗争。区委派遣党员到老矿山，在会泽铅锌矿的工人中开展工作。当群众发动起来后，党便在部分青壮年工人中建立了党的外围组织"民主青年联盟"。1948年后，党在工人中发展党员，建立了党的组织。

在昆明，党组织也派了党员到中国电力制钢厂和昆明电工器材厂去开展工作，在那里建立了党的外围组织，发动工人成立了工友联谊会，把工人斗争引向新的阶段。

1949年10月1日，毛主席在北京天安门城楼庄严宣告中华人民共和国成立。人民解放军随即以春风扫残雪之势挺进大西南。这时，云南党组织所领导的游击队在滇东北、滇南、滇西一带进一步开展了游击战争，开辟了不少游击区，并建立了一些地方政权。

1949年8月，滇南党组织在元江召开了地委会议，决定在个旧建立矿工武装——护八团。同年12月7日，由300多名矿工、二三十个农民组成的护八团在卡房起义。随后，护八团立即渡过红河，解放了元阳新城。不久，护八团又参加了党领导的地方武装力量，向盘踞个旧的国民党残部进攻。经过一场战斗，占领了个旧。后因受国民党第8军和第26军的围攻，

1950年1月初，护八团奉命撤离老厂，留下一部分武器弹药，号召工人武装护厂。护八团离开老厂后，便神速地向江外进发，到达大黑山时，由于混入护八团的特务泄露情报，队伍被国民党军队包围。经过一场激烈的血战后，敌人溃退了。大黑山战斗取得了胜利，护八团便转战建水狗街，向国民党军第26军的278团、279团进攻。激战了半日，边纵十支队46团、47团又先后赶到，把敌人紧紧包围，国民党军的2个团长带着全体军队缴械投降。

1950年1月初，解放军从广西迅速进入滇东南的蒙自、个旧。边纵十支队配合解放军解放了个旧，并继续在江外歼灭残敌。护八团在最后一战中，配合解放军消灭了国民党第26军的劲旅577团。在这以后，凯旋回师个旧。后来，为了革命发展的需要，战士们响应党的号召，脱下军装，拿起工具，又回到了生产战线。在个旧锡矿工人武装起义的同时，昆明的冶金工人也同国民党残部第8军和第26军展开了武装斗争，参加了昆明保卫战。

卢汉起义前后，为了与国民党反动派阴谋盗卖器材、窃走机器、炸毁厂矿的破坏活动做斗争，党在组织矿工起义的同时，还发动工人群众展开了火热的护厂斗争。直到1950年2月20日，中国人民解放军进驻昆明，成立军事管制委员会，先后接管了各冶金厂矿。接管时，工人们积极热情地参加了接管工作，立即恢复生产，并以主人翁的姿态开始了新的劳动和新的生活。①

第三节　新中国成立初期的云南冶金发展（1950—1959年）

1949年10月1日，中华人民共和国宣告成立。在以毛泽东同志为首的中国共产党领导下，经过28年的艰苦斗争，终于取得了反对帝国主义、封建主义和官僚资本主义的胜利，结束了中国人民受奴役、受侵略的历史，为中国的发展和繁荣开辟了无限广阔的前途。

---

①　云南大学历史系、云南省历史研究所云南地方史研究室：《云南冶金史》，云南人民出版社1980年版，第227－228页。

1950年2月24日，在昆明市庚园召开的云南省地师以上的领导干部会议中，陈赓宣布："解放军和云南人民、云南的党会师了，云南从今天起已完全获得解放了。"云南解放后，云南矿冶业亦由复苏走向繁荣。经过1950—1952年的三年恢复与发展，云南冶金工业一改往日破败模样，获得了新生。"一五"计划时期，基于矿山资源不清、交通不便、工业基础薄弱、动力不足、技术力量落后等实际，1953—1956年主要是进行初步的建设，1956年社会主义改造完成，国家开始转入经济建设；从1956年开始，云南冶金工业全面开展大规模建设，工业迅速发展；至1957年，"一五"计划超额完成了规定的任务，实现了国民经济的快速增长，并为我国的工业化奠定了初步基础。1958年开始的"大跃进"，虽然工业总产值提高，但由于超前发展，急于求成，不按经济规律办事，最终导致"大下马"。

一、三年恢复与发展（1950—1952年）

新中国成立后，宣布取消帝国主义在中国的一切特权，没收官僚资本企业，云南冶金工业先后没收接管了官僚资产阶级的企业，并在三年多时间内完成了恢复生产、改造企业的工作。1950年3月4日，中国人民解放军西南军区昆明市军事管制委员会成立。军管会下设军事、政务、财经、工业、交通、文教、卫生等7个接管部，其中工业接管部由军管会秘书长马继孔兼任主任，毛更甦为副主任，接管人员152名，负责接管公私企业厂矿及有关行政管理机构，组织公营生产，指导私营工矿。3月7日，昆明市军管会工业接管部组织召开云南人民企业公司及原资源委员会所属21个公营及公私合营厂矿的厂长、经理和军管会派往接管厂矿的军事代表座谈会，接管工作由此开始。到5月底接管工作结束，共接收裕滇纱厂、明良煤矿等工矿企业20个，官僚资本的工矿企业改为国营企业，进行了初步整顿。从此，压迫人民、剥削人民的官僚资本主义的资本变成了人民的财产，成为国民经济恢复和发展的重要力量。

但是，在大部分企业中，还没有进行系统的清理整顿，旧的管理制度基本未动，党的基层组织中混进了一批反动党团、反动会道门分子和少数逃亡地主、土匪、恶霸、特务、封建把头，有些反革命分子甚至混入中国共产党和青年团内，或者把持了工会，欺压群众，破坏生产，制造混乱。

这些反革命分子对人民政权斗争的策略是"长期潜伏，等待时机，重点破坏与暗害活动"，尤其着重在财政经济部门中进行抢劫物资、破坏机器、纵火、爆炸、盗窃、暗杀、窃取国家机密等破坏活动，企图阻挠中国人民的建设工作。镇压反革命势在必行。

1950年3月，我国展开了大张旗鼓的镇压反革命运动，把大批的现行反革命分子逮捕法办。这次镇反一方面取得了访穷诉苦，扎根串连，挖穷根，倒苦水，瓦解敌人的一套经验；另一方面，提高了职工的觉悟，群众更加坚定了对党的信任，把党和政府当作自己彻底翻身的靠山。在此基础上，8—9月间又进行了一次发动职工更深更广的镇反运动，职工迅速地行动起来，投入战斗，在不长的时间内取得了显著的效果。在大型冶金企业开展镇反运动的同时，各地的小型冶金厂矿也结合土地改革和镇压反革命运动的开展，镇压了一批过去控制冶金厂矿为非作歹的地主恶霸。但是在某些地区，特别是边远地区，一些新办厂矿由于开办先后不一，人员陆续增加，鱼龙混杂，反革命分子乘隙混入，因此镇反运动的开展又随着各厂矿时间、条件的不同而前后不一。

两次镇反运动取得了很大成绩，职工群众的政治热情和生产积极性有很大提高。之后，有部分厂矿产生麻痹轻敌的思想，认为对反革命分子进行了两次打击以后，已经解决得差不多了，可以转入生产改革，忽视了对敌斗争的长期性、艰巨性和复杂性。不可否认，深入斗争仍有开展的必要。

1950年10月10日，中共中央发出《关于镇压反革命活动的指示》，要求各级党委全面执行"镇压与宽大相结合"的政策，对已被逮捕及尚未逮捕的反革命分子，应根据已掌握的材料，经过审慎的研究，分别加以处理。12月开始，全国大张旗鼓地开展了镇压反革命运动。1951年11月5日，中共中央发出《关于清理厂矿交通等企业中的反革命分子和在这些企业中开展民主改革的指示》，要求各地"发动与依靠工人群众，有领导、有计划、有步骤地争取于一九五二年年底以前对工厂、矿山和交通等企业部门，首先对国营工矿交通等企业内的残余反革命势力，加以系统的清理，并对于国营企业内所遗留的旧制度，进行或者进一步地完成必要的和适当的民主改革"①。1952年企业的民主改革基本完成后,工作的重点又转到进行生产改革。

根据中共中央指示精神,中共云南省委确定了"放手发动群众,完成民主改革,搞好生产"的工作方针,发动和依靠工人群众,对工矿企业进行系统清理,对国营企业内遗留的旧制度进行民主改革。于是,党领导云南冶金职工继续开展镇压反革命运动,同时进行民主改革和生产改革。通过镇压反革命、登记反动党团员、调整人事等措施,中共云南省委清除了隐藏在企业内部的又一批反革命分子,还进行了"三反""五反"运动,打退了资产阶级在经济上的猖狂进攻,巩固了国营经济的领导地位。

在民主改革中,废除了封建把头制,改革了企业中不合理的制度。废除封建把头制度是工矿企业民主改革的核心内容,对此,中共云南省委制定的政策是:反封建不反资本,反把头不反技术,斗首恶不斗一般,在经济上重点清算。而各地民主改革从何入手,视各厂矿具体情况及广大群众的要求决定。在中共云南省委领导下,各地党委迅速组成工作组深入各工厂企业和各行业,在国营和私营企业分别召开职工群众大会、职工代表大会和劳资协商会议,充分发动群众,废除封建管理制度。对封建把头,按照罪恶大小、民愤大小、参加劳动与不参加劳动加以区别对待。

在封建把头制度废除后,重点是加强工人阶级内部的团结,开展爱国生产和增产节约运动。各工厂分别举行民主团结大会,通过开展批评与自我批评,在职工中进行政治教育,提高工人阶级觉悟,消除封建行帮影响和历史隔阂,增强工人之间,工人同管理人员、技术人员之间的团结,建立起社会主义新型人际关系,使工人真正成为企业的主人。在民主建设阶段,进一步整顿工人队伍,整顿工会组织,把优秀工人、职员选拔到领导岗位参加企业管理,召开职工代表会议,建立民主管理制度,开展生产运动,各厂矿、车间、班组、个人普遍订立了爱国公约和生产计划。

开展了初步的生产改革。建立健全各种规章制度,建立适应计划经济管理体制的生产制度,促进生产发展。各厂矿开展的工作包括:建立企业

---

① 中共中央文献研究室:《建国以来重要文献选编(第二册)》,中央文献出版社2011年版,第400页。

清产核资制度，清查企业的固定资产、流动资金、生产设备及库存物资，制定企业的平均生产定额；建立生产和技术管理责任制，建立安全生产制度，主要是建立企业的质量检验与劳动保护制度，审定技术操作规程、安全操作规程、生产设备检修及各级保安负责制度，严格要求各岗位操作人员认真履行责任，实行岗位责任制；建立成本核算、管理制度，明确计划、会计、供销机构的职责，根据原材料消耗定额合理储备原材料，及时处理积压材料，保证产品质量，及时清理债权债务，定期清查会计账目；改善工人的劳动条件，提高工人的政治地位和生活待遇。

1952年下半年，全省工矿企业的民主改革运动基本结束。工矿企业的民主改革，是把官僚资本企业改变为社会主义性质的国营企业，把半殖民地半封建社会的私营企业改变为新民主主义的私营企业的重要步骤。经过民主改革，全省工矿企业废除了旧的官僚管理机构和压迫工人的剥削制度，与生产改革相结合建立了民主管理制度，调动了广大工人群众当家做主、生产的积极性，有力地促进了工业的恢复和发展，为恢复和发展经济创造了必要条件。[1]

与此同时，为了保证国家对有色金属的需要，云南先后对重点厂矿进行了基本建设。新中国成立初期，云南全省有工业企业1400多家，工矿企业主要分布在昆明、个旧等城市，绝大多数是小型企业，设备简陋，技术落后，生产效率低。在充分发挥原有设备生产能力的同时，云南对东川矿务局、云南锡业公司、昆明冶炼厂、会泽铅锌矿等重点厂矿先后进行了基本建设，开展了易门、会泽、罗平铅锌矿，文山钨矿的地质调查，以及东川、云锡部分坑道的探矿工作。同时，根据云南发展冶金工业的首要问题是发展交通运输和电力供应的实际，1951年5月—1953年2月，省政府组织昆明、曲靖、昭通、武定等地区4万多民工和1200名技术人员，历时1年10个月，修通了从嵩明县的羊街到东川因民长达238千米的铜矿公路，为东川矿区开发打开了通道；个旧则修建了从老厂至大屯选厂长达15.6千米的架空索桥，从松树脚至古山选厂长达2189.82米的斜坡道；为了解决

---

[1] 中共云南省委党史研究室：《中国共产党云南历史第二卷（1950—1978）》，云南人民出版社2018年版，第117-119页。

扩建中的地面运输问题，还修筑了个旧到老厂、古山到大屯的公路；修筑了大量供应生产用水的水塘。许多濒于倒闭的矿山和企业开始有了生机。通过三年恢复，云南不但恢复了生产，而且得到了发展。

冶金工业恢复和发展过程也是冶金工人在党的领导下获得彻底新生、发展壮大的过程。冶金工人打破了身上的枷锁，阶级觉悟和生产热情不断提高，数量上也有很大的增加。三年时间，各种工人训练班采取识字学校和技术培训的方式，培养了大批熟练工人，提高了工人的技术水平，还通过各种社会改革运动的实际锻炼，提拔了大批工人积极分子担任各级领导工作。

随着生产的发展，工人生活也得到很大的改善。接管时，大批工人失业，吃的是山茅野菜，喝的是"老妈妈汤"，身上没有几片布。对此，党和政府实行了以工代赈的办法救济失业人口，并随着生产的恢复和发展，先后进行安置。云南解放初期，对旧的不合理的工资制度，采取基本不动，个别调整的政策。随着生产的发展，党提出："搞好工人福利，要花钱，饭要吃饱吃好，病要能医，要求解决适当。"1952年，进行了较为彻底的工资改革，把过去不合理的多级工资制改为八级工资制，95%以上的职工都增加了工资。生活也得到很大改善，过去是吃"老妈妈汤"，现在是三菜一汤，每月三次"牙祭"。1950—1951年间，个旧修的宿舍比云南解放前增加36.73%，家属住宅增加42.79%，公共福利建筑增加314.39%，卫生建筑增加19.84%；1952年，又新建10000平方米的家属住宅。

劳动保护和安全福利设施也有很大改进。云南解放后，各厂矿实行八小时工作制，野外工作的工人有野外津贴，高温和有害气体操作的工人则有保健食品和保健费等，还增加了各种防护、通风、防尘设备，发了工作服、手套、口罩、长筒水靴等用品。中央颁布《劳动保险条例》以后，各厂矿都开展了学习，并进行了劳保登记，对老弱者、童工不但给予法律保护，而且在物质待遇上给予特别照顾。个旧市明确规定公私矿不得再招收童工，已有的童工不得解雇，并规定了童工最低工资标准，还组织童工转入学校学习等，1952年个旧市10000余名童工全部得到妥善解决；规定老工人退休以后有养老金，工人因工伤亡有补助费、抚恤金。这些措施的贯彻打消了工人对伤、老、病、死、残、无人照顾等情况的顾虑。

云南解放以后，在恢复和发展生产的基础上，工人劳动条件和物质文化生活水平都得到了改善，工人们切身明白了"为谁劳动"的道理，因而生产积极性愈来愈高。这也就为第一个五年计划的开展打好了可靠的思想基础。

二、"一五"计划中的云南冶金业（1953—1957年）

以重工业为主的工业基本建设是第一个五年计划的中心，云南作为"有色金属王国"，发展有色金属工业是云南"一五"计划中工业建设的重点。早在20世纪50年代初，周恩来、陈云等党和国家领导人就明确指出，云南一定要抓好个旧、东川等地的锡、铜采矿业，支援国家经济建设。但在第一个五年计划初期，云南冶金工业基本建设受到许多客观条件的限制，还不能大规模地展开。首先是矿山资源不清，缺乏作为企业设计依据的工业矿产储量。其次是交通运输极其困难，在主要矿山中都存在着不同程度的交通运输问题，原有的公路交通能力不能满足工业建设的要求，部分矿山则尚无公路与矿山相通，全部物质均依靠人背马驮，重大的设备难于搬运。此外，由于原有的工业基础薄弱，发展冶金工业所必需的动力也非常缺乏，几乎每个矿山都是电力不足或没有供电来源。因此，在第一个五年计划的头两年，云南冶金工业基本建设工作的主要任务是创造建设条件。这一时期新建、改建和扩建了一批矿山公路、专用铁路、运输索道、自备电站及其供水系统和采、选、冶、加工、机汽修等厂，以及院校、科研、勘探、勘察、设计等基地。

（一）勘探工作的开展

"一五"计划期间，优先发展重工业，而建立中国社会主义工业化初步基础的主导是苏联援建的156个重大工业项目和694个限额以上的建设项目，其中156项重大工业项目中云南5项——开远电厂、云南锡业公司、东川矿务局、会泽铅锌矿、个旧电站。同时根据国家关于云南冶金工业要以"个旧锡矿的改建、扩建和开始铜、铅、锌基地的新建工作"为重点建设项目的要求，从1953年开始，云南开展了以个旧、东川、易门、会泽、澜沧等老矿区为重点，围绕交通干线进行的全省大规模的地质普查、勘探和地形测量工作。

表 3-3　156 项重大工业项目的省市分布①

省、自治区、市	项目数（个）	省、自治区、市	项目数（个）
北京	3	湖南	4
天津	0	湖北	8
河北	8	广东	0
山西	11	广西	0
内蒙古	5	海南	0
辽宁	24	四川	8
吉林	11	重庆	3
黑龙江	22	云南	5
上海	0	贵州	0
浙江	0	西藏	0
江苏	0	陕西	17
安徽	1	甘肃	16
江西	1	青海	0
山东	0	宁夏	1
河南	6	新疆	3

遵从中共中央指示，云南有色金属矿藏的勘探工作起步较早。从 1952 年开始，为了提供建设有色金属工业、铁路和水泥工业的地质情况，全省开始了大规模的地质和资源勘探工作。西南地质调查所、重工业部有色金属管理局西南有色分局、东川矿务局和云南锡业公司等单位都分别成立了

---

① 表来源于王天伟《中国产业发展之路》，天津科学技术出版社 2011 年版，第 82 页。

地质处或勘探队，中央分别从东北、华中、四川和省内有关单位抽调大批技术人员和行政干部充实到云南地质部门。到1953年底，全省从事有色金属矿业地质勘探人员达5559人，同时聘请了数十名苏联专家到东川和个旧矿区帮助工作，对全省地质地形及资源情况进行全面勘探。从1953年起，全省开展了大规模的有色金属工业建设，在全国各地的支援下，集中地质勘探人员和主要设备，重点进行云南锡业公司、东川矿务局、会泽铅锌矿配套的地质勘探、电力、建材和交通邮电项目建设。

作为这一阶段的重要任务，地质勘探在东川、易门、会泽、澜沧等矿山全面开展起来。但由于刚组织和建立起来的勘探队伍缺乏经验和技术，并且对工作的目的和任务不明确，因而到1953年底，工程量完成较多，而获得的矿量极少，使地质勘探工作陷于被动和落后的局面。

1954年初，全国都在广泛地宣传、学习党的过渡时期的总路线，在总路线精神的指导下，中央和省、区、市先后召开了地质工作会议，总结了地质工作的经验和教训，明确地提出了地质工作的方针和原则。各矿山也相继召开了地质勘探工作会议，总结和检查了工作，贯彻了中央和省、区、市的指示。此后，党加强了对地质勘探的领导，从根本上保证了它正确而迅速地向前发展。同时，大批苏联专家到达云南，对地质勘探进行了系统的指导，提出了一整套建议，在科学技术的理论和实践方面给予了巨大的帮助。地质勘探队由于认真学了党的方针政策，贯彻了专家建议，从而扭转了被动的落后局面，飞速地向前发展。1955年下半年，各主要矿山都提交了第一期地质储量报告书，提出了事实的矿产资源数据，为几个大型冶金企业的建设奠定了基础。

这一期间，作为苏联援建中国156个重点建设项目之一的东川铜矿，在全国各地的大力支援下，开展了声势浩大、工程艰巨的"万人探矿"，先后于1955年10月和1957年7月向国家矿产资源储量委员会提交了第一、二期《东川铜矿储量计算报告书》，为国家探明了一个大型铜矿的储量。

到1957年国家第一个五年计划结束时，勘探方面5年内累计投资1.6亿元，完成槽探159万立方米、坑探54万余米、钻探32万余米、地形测量1.11万平方千米；探明了金属储量铜229万吨、锡98.4万吨、铅88.3

万吨、铁 366 万吨,并新发现矿产 40 多种,为云南冶金工业的发展奠定了基础。①

（二）交通、电力的配套建设

与有色金属矿产开发配套的交通、电力、建材工业的建设也得到开展。首先是交通运输的改善。除通往澜沧冶炼厂的昆洛公路统一由交通部门修筑外,易门和会泽共修筑了矿区公路 210 千米,初步解决了矿区内外交通问题。个旧修筑了至卡房马拉格茅矿区公路和古屯铁路,并于 1953 年 9 月完成了长达 15.6 千米的老屯索道工程。

围绕冶金工业建设的一大相关建设重点是电力工业。"一五"时期,云南加快了电力工业发展步伐,并随着"一五"计划的提前完成而迅速推进。云南除相继扩建了昆明、个旧、东川 3 个地区电网,新建了以礼河梯级水电厂,开展了开远火力发电厂改扩建工程外,捷克斯洛伐克设计和提供设备的援建项目普坪村火电厂于 1956 年 12 月开工。配合电站建设,云南还加紧了输电线路建设。这一时期建成了石龙坝至安宁、普坪村至柳坝等 35 千伏及开远至个旧 110 千伏的输电线和变电站,使输电电压等级分别从此前的 22 千伏提高到 35 千伏和 110 千伏,输电效率有了很大提高。马街子、喷水洞、玉皇阁和石龙坝 4 个电厂并列运行成功,形成昆明电网;个旧、开远电网合并,形成个开电网。到 1957 年底,全省发电装机容量为 6.2 万千瓦,比 1950 年增加 4.27 倍;发电量 2.41 亿度,比 1950 年增加 4.72 倍。②

选洗矿石的供水问题也是影响生产的重要问题之一。云南解放后,个旧陆续修建了一些供水系统工程,1955 年还修建了个旧人工湖。

（三）厂矿的建设和扩建

在加强矿山建设的基础上,云南省集中力量对个旧锡矿进行改建、扩建,对东川铜矿、澜沧冶炼厂进行扩建。1954 年,根据建设过程中出现的

---

① 《云南年鉴》编辑部:《云南经济四十年（1949—1989）》,云南年鉴杂志社,第 82 页。

② 中共云南省委党史研究室:《中国共产党云南历史第二卷（1950—1978）》,云南人民出版社 2018 年版,第 254 页。

问题，中共云南省委指出必须在基本建设中"反对资产阶级经营思想，提高工程质量"。根据这一指示，各厂矿基本建设单位结合学习党的七届四中全会文件精神，先后展开了"反对偷工减料、隐瞒虚报"等资产阶级经营思想和作风的活动。

在个旧，中央重工业部根据第一个五年计划发展国民经济的任务，要求云锡公司到1957年大锡生产能力要达年产16500吨的生产水平。围绕这一总的要求，云锡公司进行了第一期建设工程，从1953年至1955年的基本建设主要是保证完成云锡公司第一期的建设和扩建工程，以满足国家对大锡的需要，这也成为云南省冶金工业基本建设的重要任务之一。"一五"期间，云锡公司扩建改建了老厂、马拉格、松树脚3个矿山，完成了大屯选厂、黄茅山选厂、卡房采选厂、新冠采选厂，迁建了机修厂等建设。由于洪水淹没了原有的老炼厂，1954年12月至1955年5月云锡公司还新建了一座机械化的新炼厂，改变了个旧长期的采、建、炼之间的不平衡局面。

在东川，根据东川矿务局向国家提交的第一、二期东川铜矿储量计算报告，冶金工业部编制了《东川矿务局设计任务书》报送国家计划委员会审批。1956年6月，国家计划委员会报送国务院。8月10日，国务院按总理周恩来签发的文号，批准东川铜矿进行基本建设，并下达《东川矿务局设计任务书》，确定了东川铜矿基本建设的设计工作根据1953年的中苏协议，由苏联有色冶金部有色冶金设计院承担；确定东川铜矿建设的规模为年产电铜线锭5.5万吨，总投资为6.5亿元，建设项目包括采矿厂、选矿厂、必需的生产辅助车间、研究选矿和冶炼的实验所、冶炼厂和电解硫酸铜车间、铁路支线以及配套建筑物等；确定冶炼厂在建设时，考虑到要处理易门铜矿选矿厂生产的铜精矿1.5万吨，铁路支线用标准轨铺设，所建的选矿厂、冶炼厂要与外部铁路网取得联系，设计时可考虑与正在设计中的成昆铁路干线连接，电源由电力工业部正在设计中的以礼河和小江水力发电站提供。[①]

云南省委、省人委还积极推进冶炼厂和钢铁厂建设，全省先后建设了一批冶炼厂和钢铁厂。同时，新建和扩建昆冶、昆钢的部分车间，增加产

---

① 东川矿务局：《东川铜矿志》，云南民族出版社1990年版，第104页。

品品种，提高产品质量。1957年6月，经国家批准，云南对始建于1939年、全省最大的钢铁生产企业昆明钢铁厂进行第一次扩建。11月，云南将昆明冶炼厂改建为电铅冶炼厂，主要生产电解铅；把东川铜矿的冶炼部分划出，独立建厂。为了加强对冶金工业建设的组织领导，1957年6月撤销了云南铜业公司，成立云南有色金属工业管理局，作为省人委的所属部门，归冶金部和云南省人委双重领导。1958年，经冶金部和省委、省人委批准，始建于1956年10月的楚雄禄丰炼铁厂改为钢铁厂，该厂的磷铜钛多金属低合金耐磨铸铁技术为国内首创。

此外，经过三年国民经济恢复时期，云南私营工商业不但有了恢复，而且有了显著发展。1953年是国民经济第一个五年计划的第一年，随着国民经济有计划、按比例发展的要求，对资本主义工商业必须实行有计划的改造。云南解放后，云南冶金工业中存在着私营经济成分，大部分是分散经营的中小型私人资本主义企业，在重要厂矿中则以个旧锡矿的私营经济成分所占比重最大，所以在发展国营冶金工业的同时，对私营经济进行了改造。对资本主义工商业的社会主义改造，就是在一定时期内，有步骤地把一切对国计民生有利而又为国家所需要的资本主义企业，基本上改造为国家资本主义企业，并使初级形式的国家资本主义向高级形式的国家资本主义发展，在条件成熟时，逐步地转变国家资本主义经济为社会主义经济。

（四）矿工新样貌

冶金工业发展的过程也是冶金工业队伍壮大和成长的过程，冶金工人由1953年的33953人发展到1957年的68477人，增加101.9%，其中地质勘探增加2.96%、基本建设增加118%、工业生产增加48%、试验研究增加374%。冶金工业队伍的迅速发展是由于得到了全国众多省、区、市的支援，党和国家在5年内动员了3万多各族农民，抽调了4000余名地方和部队的优秀干部，分配了2000余大专和中等专业毕业的学生，还从东北和华东各地调来了许多技术人员和工人，共同参加云南冶金工业的建设。

一支庞大的建设队伍，经过生产实践师带徒、短期训练班、专业学校、外地、外场参观学习、出国留学等方式，迅速地成长起来，冶金工业的技术力量由1953年的846人发展到1957年的4286人，增长了

406.61%。同时，在党的教育下，经过各种政治运动和社会运动，广大职工的阶级觉悟和思想水平有了很大的提高，纷纷要求参加中国共产党和共青团，各厂矿企业的党员和团员逐年增长，如东川铜矿党员由1953年的100多人增至1958年的2688人。他们摆脱了被剥削、被奴役的命运，成为国家和社会的主人。工人阶级把劳动看成了光荣和豪迈的事业，在劳动中充分发挥积极性和创造性，不少人成为劳动模范和先进生产者，云南冶金工业的职工中出现了大批先进人物。

广大职工群众以高度的责任感参与了厂矿企业的管理活动，在各种职工代表会议和工会会员代表会议上发表自己的意见，提出各种建议。1957年实行了职工代表大会制度，把工人参加企业管理的活动制度化了，工人不仅参加了管理活动，而且有大批工人被提拔到企业的各级领导岗位上，逐渐成为优秀的工业管理干部，如云锡公司先后提拔了19名工人担任党委书记或厂矿长。领导干部中，有80%左右是从工人中提拔起来的，他们从不懂到懂、从不熟悉到精通业务，成为党在工业战线上的忠于党和人民事业的领导骨干力量。

职工们不仅参与了企业的管理，而且参与了国家管理活动，他们代表人民的意志讨论和决定国家大事，5年中，冶金工业系统内的职工不少被选为人民代表。第一届全国人民代表大会的代表中，云南冶金工业系统有2名——董福生、曾文昌；第一届省人民代表大会的代表中，该系统有14名省代表；东川铜矿有16名职工当选为市人民代表，云锡公司有26名职工当选为市人民代表，易门铜矿有8名职工当选为县人民代表。

各厂矿还增添了不少生产设备，凿岩机代替了手锤，电钻、电扒代替了手掘，索道铁轨代替了人背人挑，鼓风机代替了手提风箱，这一切把工人从沉重的体力劳动中解放出来，大大减轻了劳动强度。此外排水、降温、收尘等设备也置了不少，使劳动环境有了很大改变，十分有利于工人的健康和生产。劳动保护用品如安全帽、眼镜、雨衣、工作服、围腰、手套、胶鞋、口罩等都普遍和经常发给工人使用，以保护他们的健康。党和国家特别注意和关心工人生产的安全，把安全生产列为企业的重要工作之一，经常加以督促和检查。云南所有冶金厂矿企业均先后成立了专职的技术安全机构，开展了群众性的安全活动。

1953年各厂矿进行了劳保登记，职工的病、老、伤、残、死均有了妥善的处置。劳动保了险，免除了工人后顾之忧，大大激发了工人的生产积极性和当家做主的责任感。

向危害工人健康的职业病做斗争，是冶金工业劳动保护工作的一项重大任务。为了防止矽肺病，各厂矿大力推广了湿式凿岩后，工人们歌颂道："风钻哥哥打眼快，党的恩情不能忘。支起架子打水眼，身体健康感谢党。"对特殊专业的工人还采取了必要措施，如坑下工人的太阳灯装置、炼铅工人的定期排铅治疗等。此外，各厂矿企业普遍设立了营养食堂和疗养院。昆冶到1958年底有551人（次）进行了疗养，1953—1958年底有905人（次）参加了营养食堂。医疗机构的建立和扩大也是保证职工身体健康的重要措施。5年来各厂矿企业在党的关怀和支持下，纷纷建立和加强了医疗机构。云锡5年中新建和扩建了3所综合医院，各基层单位的卫生所由1953年的65个增加到1957年的92个，平均百个工人有1名医卫人员。东川矿务局1952年仅有1个卫生所，到1957年已发展成为拥有65张病床的医院。昆明钢铁厂1952年连一个医生都没有，到1957年已经有一个有40名医疗人员的医务所。

在物质生活改善的同时，职工的文化生活质量也不断提高，扫盲运动开展，企业办学校也在积极进行，广大职工掀起了向文化技术进军的热潮。东川矿务局在5年内扫除文盲3000余人，一字不识的工人已能读报写信做文章了。昆明钢铁厂1957年入学人数中，大学班有20人，高中班有25人，初中班有103人，高小班有248人，初小班有148人。云锡1957年入学人数达39252人，其中扫盲班30840人、高小班5636人、中学生2411人、大学生345人。[①] 工人阶级正在向科学文化的高峰迈进，党和国家给他们开辟了无限广阔的道路。

此外，各厂矿建立了不少大礼堂、俱乐部、图书馆、阅览室、电影院和剧院，每逢节假日或下班之后，工人们在这些地方欣赏各种各样的文化艺术。云锡有京剧院、滇剧院、2个电影院和8个电影放映队。易门铜矿有7个俱乐部、2个电影放映队。职工还组建了文工团队，经常创作和排

---

① 云南大学历史系：《云南冶金史（下）》，1960年，第×24页。

练排演节目，参加矿区、省（区、市）和全国的职工业余会演。各个厂矿企业都有球坊，有的还有夜光球坊，各种球队经常比赛，不少优秀的工人运动员还参加省（区、市）和全国的运动会。

总之，云南大规模的工业建设，特别是苏联援建项目在云南的立项实施，形成了国家层面对云南的第一次大规模投资建设，极大地改变了云南地方工业基础薄弱的落后面貌，促进了云南经济发展和工业化进程。① 云南冶金工业开始形成了以昆明钢铁公司、云南锡业公司、东川矿务局、易门矿务局、会泽铅锌矿、澜沧铅矿、云南冶炼厂、昆明冶炼厂为骨干的大、中、小相结合的冶金工业体系，改变了云南冶金工业的面貌。②

过渡时期国民经济的恢复和"一五"时期的快速发展，特别是社会主义工业化进程的推进和三大改造任务的完成，为云南工业布局的形成奠定了坚实基础。结合贯彻党的八大精神，中共云南省委提出工业要"为农村经济服务，并与农业相结合"的发展方针，积极发展地方工业和手工业，重点开发有色金属，配套发展相关建设，努力推进工业布局。

在社会主义革命和社会主义建设的高潮中，云南冶金工业取得了辉煌的成就，提前一年完成了第一个五年计划。

三、整风运动

1957年4月27日整风运动的指示发布以后，中共云南省委根据中央指示召开了宣传会议，传达了毛泽东同志关于"正确处理人民内部矛盾问题"的报告，并组织了学习和讨论，5月中旬省委决定立即在全省范围内开展整风运动。整风运动分三批进行，第一批省市级机关，第二批县区级机关，第三批乡、冶金企业。厂矿也从5月份起分期、分批开始了整风运动，各个厂矿党委向广大职工做了关于整风运动的目的、意义的动员报告以后，开始了"大鸣大放"，广大职工对党的工作提出了许多善意的批评和意见。对于这些意见，党组织抱着热烈欢迎的态度，本着边检查边改进

---

① 中共云南省委党史研究室：《中国共产党云南历史（第二卷）》，云南人民出版社2018年版，第155-156页。

② 《云南年鉴》编辑部：《云南经济四十年（1949—1989）》，云南年鉴杂志社，第82页。

的原则，成立了处理问题小组，及时研究和处理职工提出的意见和要求，整风运动初期取得了初步的成效，领导作风开始转变。通过激烈而尖锐的斗争，清查出了一批反、坏、右分子，有力地打击了敌人的猖狂活动，纯洁了工人阶级队伍，保卫了生产"大跃进"的安全。同时，广大职工又一次受到了生动的教育，革命警惕性大大提高。有的进一步认识了思想上的错误，下决心改正。反坏斗争也使广大职工的劳动热情进一步高涨，促进了生产"大跃进"。

从 1957 年 5 月开始，在云南冶金企业各厂矿开展的全民整风运动，经过"大鸣大放"、反右派斗争、大整大改和自我提高等四个阶段，到 1958 年 8 月取得了决定性的胜利。这个运动既解决了敌我矛盾，又解决了人民内部矛盾。

四、"大跃进"（1958—1959 年）

随着新中国的建立和社会主义制度的确立，一方面中国共产党力图探索出中国自己建设社会主义道路的新途径；另一方面曾长期遭受帝国主义列强欺凌的中国人民站立起来之后，充满了求强求富的强烈愿望，渴望以更快的发展速度改变贫穷落后的面貌。面对以美国为首的西方资本主义国家对新生社会主义中国全面封锁的艰难形势，中国共产党领导全国各族人民取得了辉煌的建设成就，党在人民群众中树立了崇高威望，人民群众信心倍增。在这种情况下，党中央认为，经济战线和思想战线上的社会主义革命已经取得伟大胜利，可以发动群众运动，把经济建设搞得更快一些。在良好愿望的支撑下，按照党中央、毛泽东同志的设想，党的工作重心应该转移到大规模的社会主义建设上来，1958 年 5 月党中央召开了八大二次会议，提出了鼓足干劲力争上游，多快好省地建设社会主义的总路线。总路线的基本精神就是要最大限度地调动全国人民建设的积极性，高速度地建设社会主义。在这样的背景下，党中央和毛泽东同志发动了"大跃进"运动。工业生产"大跃进"是云南"大跃进"运动的一个重点领域。云南冶金工业职工和全国人民一道掀起了学习和宣传总路线的热潮，中共云南省委结合边疆民族地区的特点，组织开展了各项工作，在取得一些成绩的同时，也付出了沉重代价。

云南冶金工业根据所处形势的要求，确定了第二个五年规划。5年内除继续完成云锡公司第二期扩建工程外，国家在楚雄地区安排一个大型钢铁基地，地方在安宁、个旧、曲靖建设三个较大型的钢铁基地，中小型冶金企业将在全省范围内建立起来。根据国家对冶金工业，特别是钢铁工业的要求，云南冶金工业担负了极其艰巨而光荣的任务。冶金工业工人在党中央提出的"在五十年或更短的时期内在主要工业产品产量方面赶上和超过英国"，以及省委提出的"苦战三年，在全省建立一个比较完善的工业体系"的号召下，生产积极性高涨，全省冶金工业企业普遍开展了跃进规划。

云南冶金工业从1958年开始，便由地质勘探转入了大规模建设的新阶段。许多厂矿一方面积极加速勘探设计，大力做好施工准备；另一方面对一些次要的工程采取了边设计边施工的做法，对一些重大的工程也将设计施工过程适当交叉进行，大大缩短建设时间。东川、易门矿务局、明溪公司、昆明钢铁公司首先抓紧了矿山建设，东川浪田坝选厂、落日选厂，云锡矿白沙冲选厂和硫化矿选厂、易门三家厂选厂，以及狮子山、一都、里土等建设工程，昆明炼铜厂的机修和药剂车间和昆明钢铁公司二号高炉等重大工程都提前开工或进入施工高潮。

1958年2月，中共云南省委在全省地（市）委书记会议上提出"地方工业产值5年赶上农业总产值"的目标；3月，省委分别召开了几个关于地方工业方面的会议，要求1958年做到地方工业总产值比1957年增长1倍，达到5亿元，力争在两年内使地方工业总产值赶上和超过农业总产值。1958年，全省工矿企业数从上年的3866个增至23110个，增长近6倍。其中，农村办的绝大多数所谓的厂矿，既无资金，又无设备，只是在一哄而起的情况下拼凑，将某些极简陋的小作坊、门铺等改称为厂矿而已。连一些过去根本没有工业厂矿的边疆民族地区，也办起了3600多个厂矿。盲目办厂导致全省大约100万劳动力脱离了农业生产第一线，仅全民所有制工业企业的职工总数就由180.4万人增至210.2万人，加剧了农村劳动力的紧张程度，增加了城市物资供应的压力。且一些项目凭领导主观决定，随意上马，边勘测、边设计、边开工，经济效益低，造成社会财富的损失和浪费。

云南工业"大跃进"是以"大战钢铁铜"为中心进行的。1958年6月

6日，中共云南省委为工业"大跃进"定指标，决定当年产钢5万吨、铁20万吨；1959年，钢增加到50万吨，铁增加到80万吨。此后，又将指标大幅度提高，要求1958年底钢铁产量完成40万～50万吨，1959年完成100万～150万吨，1962年达到200万～300万吨。云南是产铜的主要省份之一，省委除要求"大战钢铁"外，还增加了"大战铜"的内容。7月，省委召开炼铜工业会议，确定采取"先土后洋，土洋结合，以土为主"的生产方针。会议初步决定1958年产粗铜1.5万吨，1959年产粗铜8万～10万吨。

随着形势的发展，云南"大战钢铁铜"运动愈演愈烈，全省形成了各阶层参加的具有很大盲目性的全民"大炼钢铁铜"运动。许多大中学校都停课"大炼钢铁""打砂砖""探矿石""放卫星"，从省到基层浮夸风蔓延。为了贯彻1958年8月下旬在北戴河召开的中央政治局扩大会议提出的1958年全国钢产量达到1070万吨的要求，省委于9月分别召开地（市）委工业书记会议和中共云南省第一届党员代表大会第三次会议，确定1958年全省要把完成钢铁铜目标作为重大政治任务来保证完成和争取超额完成，提出1959年生产生铁100万吨，争取达到120万吨；钢50万吨，争取70万吨；把"二五"计划的原定指标再次加码，并提出3年内初步实现工业化，建立比较完整和相对独立的工业体系。两次会议还确定要把主要力量转到工业战线上来，要求各地市委和工业任务比较重的县委第一书记应该用比抓农业更多的精力来领导工业。9月17日，省委发出号召，动员全省人民行动起来，在国庆节前每日实现产铁2000吨、争取3000吨甚至更多而努力。随后，《云南日报》连续报道各地日产生铁创新纪录的消息。1958年9月19日，榕峰县（今宣威市）产铁142吨，夺取第一面1个县日产铁突破百吨的红旗，接着曲靖、罗平、石屏3个县相继创造日产铁百吨和晋宁县（今晋宁区）上蒜公社日产铁950吨的纪录。9月22日，会泽县放出日产3365吨铜的"卫星"。9月28日，东川市（今东川区）放出土法炼铜日产33573吨的更大"卫星"。

"大战钢铁铜"运动中，为了完成高产任务，大力提倡土法冶炼。10月15日至20日，云南省土法炼钢现场会在玉溪召开，贯彻"小、土、群"的方针，批评了人们思想上不相信"土法"、不相信专家、不相信群众的现象，进一步推广毛铁炼钢和鸡窝炉、坩埚、汽油桶、打铁板几种土法炼钢。10月下旬,国家冶金工业部在云南省牟定县召开全国土法炼铜现场会议,推广土法炼铜经验,力争来年实现铜生产更大跃进。这种土法炼铜,既浪费资源,又污染环境,炼出来的铜品位极低,在1959年的调整中被废除,但庐山会议后再次恢复。①

《中国共产党中央委员会关于建国以来党的若干历史问题的决议》指出"大跃进"和人民公社化运动发动的原因在于:"1958年,党的八大二次会议通过的社会主义建设总路线及其基本点,其正确的一面是反映了广大人民群众迫切要求改变我国经济文化落后状况的普遍愿望,其缺点是忽略了客观的经济规律。在这次会议前后,全党同志和全国各族人民在生产建设中发挥了高度的社会主义积极性和创造精神,并取得了一定成果。但是,由于对社会主义建设经验不足,对经济发展规律和中国经济基本情况认识不足,更由于毛泽东同志、中央和地方不少领导同志在胜利面前滋长了骄傲情绪,急于求成,夸大了主观意志和主观努力的作用,没有经过认真的调查研究和试点,就在总路线提出后轻率地发动了'大跃进'运动和农村人民公社化运动,使得以高指标、浮夸风和'共产风'为主要标志的'左'倾错误严重地泛滥开来。从一九五八年底到一九五九年七月中央政治局庐山会议前期,毛泽东同志和党中央曾经努力领导全党纠正已经觉察到的错误。"②

党和人民以"大跃进"的形式加快建设和发展步伐,忽视了客观经济规律,脱离了社会生产力的发展水平,过分夸大了人的主观能动性,急于求成,所以没有也不可能达到预期的效果。"大跃进"中云南省大搞以钢铁铜为主的重工业,忽略轻工业,重工业比重大幅度上升,轻工业严重萎缩,造成轻重工业比例严重失调,与人民生活密切相关的日用品严重短缺。但也应看到,在这场运动中,党领导人民群众建设社会主义的自力更生、艰苦创业和人民群众积极投身建设社会主义的奋发图强、积极向上的努力和精神。

---

① 中共云南省委党史研究室:《中国共产党云南历史第二卷(1950—1978)》,云南人民出版社2018年版,第283-285页。
② 《中国共产党中央委员会关于建国以来党的若干历史问题的决议》,人民出版社1981年版,第18-19页。

第四章　工矿史成果之个旧

1958年11月初，云南大学历史系四年级52名师生到个旧实习。他们进行了三个月的工作和学习，与工人同吃同住，结合生产劳动进行教学，编写出了一批工矿史，目前尚能收集到的有《个旧锡矿史（初稿）》《老厂锡矿史稿》《矿工回忆录》（第一、二集）。

《个旧锡矿史（初稿）》由中共个旧市委宣传部和云南大学历史系55级编写，于1959年3月在个旧内部刊印，全书近20万字。该书共7章，介绍了个旧锡矿开发的历史，第一章"早期的个旧锡矿（1465—1911）"介绍了民国以前矿山的开发情况、清朝在个锡开发中的掠夺、帝国主义早期的侵略与人民的反抗和清末周云祥起义事件；第二章"个锡的逐渐发展、党的早期活动（1911—1937）"和第三章"四大家族的垄断、工人运动的高潮（1937—1949）"揭露了民国时期地方官僚、四大家族和帝国主义在个锡生产中的掠夺与垄断，记录了资本家对矿工的剥削压迫与工人的反抗；第四章"解放了的矿山（1950—1952）"和第五章"光辉的五年（1953—1957）"则展现了云南解放后个旧矿山新秩序的建立与生产的恢复与发展；第六章"整风与大跃进"和第七章"更大跃进的一九五九年"则是对1958—1959年间个旧地方状况的记录。

《老厂锡矿史稿》由老厂锡矿矿史编写委员会编，1959年12月31日内部刊印。根据该书的前言，该书的编写工作，自1959年11月10日起到完成，用时一个半月。其间云大历史系四年级同学参与了具体的编写工作，一共调查访问了740多个老工人，写出了111篇回忆录；又查阅老厂于云南解放前后的档案5万卷，抄录资料70余万字。"根据以上资料，经过一个多月的准备，最后写出了这本'老厂锡矿史稿'初稿。"[①] 全书共5

[①] 老厂锡矿矿史编写委员会：《老厂锡矿史稿·前言》，1959年12月，内部刊印。

章，介绍了 1905 年到 1958 年间个旧老厂锡矿的发展历史。第一章"奴隶式的掠夺"和第二章"官僚资本的操纵"介绍官僚资本等对老厂锡矿生产上的剥夺；第三章"四十年代的工人斗争"叙述工人对资本家剥削压迫的反抗；第四章"从恢复到发展"和第五章"整风和大跃进"记录云南解放后的生产发展状况。

《矿工回忆录》是由云南大学历史系四年级老厂实习队编写的个旧老厂工人回忆录，共 18 万字，1959 年进行内刊。回忆录分为两集，内容共有三部分，第一集为第一、第二部分，第一部分主要是反映云南解放前资本家的剥削与工人的痛苦，第二部分则记载了云南解放前工人的原始反抗、罢工斗争和党组织的活动；第二集为回忆录的第三部分，展现云南解放后矿工的新生活和矿山的新面貌。

个旧工矿史涉及的时间段总体可分为 1911 年之前、1911—1949 年、1950—1959 年三段，第一段主要叙述个旧锡矿的开采生产，第二段讨论了资本主义（包括民族资本、官僚资本）的发展、帝国主义的掠夺活动、矿工的工作与生活、工人运动与中国共产党的发展，第三段则注重反映云南解放后矿山的恢复、发展及整风与"大跃进"运动。

第一节 民国以前的个旧锡矿史

一、个旧历史概况

个旧市位于云南省南部的红河州，地处红河北岸，东与蒙自接壤，南隔红河与元阳、金平两县相望，西与建水县交界，北与开远市毗邻；距省城昆明 280 千米，离越南 200 千米。1951 年设市，全市面积 1587 平方千米。境内居住汉族、彝族、壮族、回族、苗族、傣族、哈尼族等民族。个旧处于哀牢山脉之中，北回归线穿境而过，区内山峦叠嶂，河流纵横，山地面积占 86%。地势呈中部高而南北低，山峰平均海拔在 2000 米以上，其中东部的莲花山海拔 2740 米，是全市最高点。红河岸边的蔓耗镇①是全

---

① 旧称蛮耗。

市地势最低的地方，海拔仅150米。立体气候特征明显，动植物资源、矿产资源丰富；属亚热带山地季风气候，冬无严寒，夏无酷暑，雨水充沛，四季如春，年平均气温16℃，0℃以下气温极少见。

个旧历史文化悠久，西汉元封二年（前109年），汉武帝改滇国为益州郡，个旧一带隶属该郡下辖的贲古县，东汉因之；三国蜀汉属益州兴古郡贲古县；西晋属宁州兴古郡贲古县，东晋至南朝梁属宁州梁水郡贲古县；北周时属南宁州，隋隶南宁州总管府；唐初属剑南道黎州，南诏至大理国前期属通海都督府，后属大理国秀山郡。

蒙古宪宗七年（1257年）为目则千户（亦称蒙自千户）属地，元至元十三年（1276年）设蒙自县，个旧一带属其下的上六里辖区之一——个旧里；明为蒙自县个旧村，正德《云南志》在记录临安府土产时道："锡，蒙自县个旧村出。"① 该称一直相沿至清光绪十年（1884年），光绪十一年（1885年），云贵总督岑毓英、云南巡抚张凯嵩向朝廷奏准，将临安府驻双水塘同知及临元镇驻双水塘左营都司移驻个旧，设立个旧厅，隶临安府，管理矿务、监收矿课及驻防。

明朝，个旧为一林庄，归临安府蒙自县所辖。清康熙四十六年（1707年）在个旧设厂，称"个旧厂"，专收锡、银课税。光绪十一年（1885年），设个旧厅，建立衙署，专管矿务。

民国元年（1912年），废临安府置蒙自道，个旧厅隶蒙自道。1913年，划蒙自西南部的个旧、卡房2个矿区及外西区和建水的民新乡、云河乡等区域设个旧县（今个旧市），仍隶蒙自道，下辖云河乡（今乍甸镇）8个保、民新乡（今贾沙乡）15个保、和邻乡（又称外西乡，今元阳县戛娘区）7个保、宝华镇（今城区办事处）10个保、天锡镇（今老厂镇）3个保、上方镇（今卡房镇）7个保，共计3乡3镇50保，相沿至1921年。1922—1932年间，原乡、镇改为区，即原宝华镇改为第1区（又称中区），天锡镇改为第2区（又称东区），上方镇改为第3区（又称南区），民新乡改为第4区（又称内西区），和邻乡改为第5区（又称外西区），云河乡改

---

① （明）周季凤纂修：正德《云南志》卷四《临安府·土产》，嘉靖三十二年刻本。

为第6区（又称北区），原各乡镇下的保则改为乡。1933年，又恢复原来的乡保制，并沿袭至1949年。① 1928年，蒙自道裁撤，个旧县直属省管；1941年属省第三行政督察区（驻建水县），1948年属第五行政督察区（驻建水县），1949年第五行政督察区驻地迁至个旧县，同年12月27日个旧县人民政府成立，隶滇南临时人民政府行政公署。1950年3月，公署迁驻蒙自县，改称蒙自区行政督察专员公署，个旧县仍由蒙自专员公署管辖。

1950年12月16日，云南省人民政府发布民政字第4172号训令：奉西南军政委员会电示，中央人民政府政务院批准，改个旧县为省辖市。1951年1月1日，个旧市人民政府正式成立。其辖区以矿区为主，并将原个旧县的宝华区、天锡区及上方区之一部划归矿区，蒙自县属的大屯区之一部划入个旧县，个旧县旧属的云河区并入蒙自县。1958年10月11日，红河州人民委员会〔58〕民行字第274号通知："接省人委会〔58〕民字第19号通知：'国务院1958年9月15日政内杨字123号文批复，同意将个旧市划归红河哈尼族彝族自治州领导，自治州人民委员会迁驻个旧市。'"同月20日，国务院全体会议第281次会议决定，撤销开远县、蒙自县，两县所辖区域划属个旧市。1959年9月恢复开远、蒙自两县，仍归个旧市领导。1961年12月6日，中共云南省委通知开远、蒙自从个旧市划出，个旧市仍隶属红河州辖至今。②

二、民国以前个旧锡矿开采历史概述

在古代，人民将金、银、铜、铁、锡合称为五金，锡的使用通常分为两种：一方面，锡的熔点为231.96℃，硬度不高，容易冶炼，可以单独作为纯锡加工使用；另一方面，锡与铜、铅等按比例合冶青铜，即铜锡合金，在青铜文明鼎盛时期，这成为锡的重要用途。

个旧市因锡而立，因锡而盛，因锡而名，是世界最大的锡生产加工基

---

① 个旧市志编纂委员会：《个旧市志（上）》，云南人民出版社1998年版，第61页。
② 个旧市志编纂委员会：《个旧市志（上）》，云南人民出版社1998年版，第60页。

地，全国最大的锡化工中心、锡材中心和砷化工中心。① 早在汉代，这里的人就已经掌握了制作铜锡合金器物——青铜器的高超技艺，大锡的生产被写进了英国《大不列颠百科辞典》。由云锡公司生产的精锡在国际市场上一直享有免检信誉，精美的锡工艺制品早在清代中期就以其光彩夺目、典雅华贵而闻名遐迩。

个旧的锡矿开发有着悠久的历史。史料记载，云南锡矿的开发最早可以追溯到汉代。《汉书·地理志》载，武帝改滇王国为益州郡，下辖24县，其中"贲古，北采山出锡，西羊山出银、铅，南乌山出锡"②。根据考证，当时的贲古县即是今蒙自、个旧一带。此外，《后汉书·郡国志》载："贲古采山出铜、锡，羊山出银、铅。"③ 除文献记载外，1993年个旧卡房镇冲子坡也发现了东汉大规模冶炼遗址，莲花山、老厂矿区还有古矿洞。④ 这说明早在西汉、东汉时期，个旧等地的锡、铜等矿产就得到了开采和冶炼。

唐、宋、元时期，个锡的开采利用不见于史籍记载。

到明代，个旧锡已在国内闻名。正德《云南志》载，锡出自蒙自个旧村。曹昭《格古要论》记："蕃锡出云南，宜镶碗盏。花锡亦出云南，大花者高，小花者次之。"⑤ 谢肇淛的《滇略》则更为详细："锡则临安府者最佳，上者为芭蕉叶，扣之声如铜铁，其白如银，作器殊良。"⑥

清代，乾隆《蒙自县志·厂务》道个旧"锡胜于银"⑦。乾隆五年（1740年），云南铸币局用锡配合铜铸币，推动了锡业的发展，个旧矿区出现商贾辐辏、烟花繁稠的景象。光绪十五年（1889年），清政府在蒙自、蔓耗开关，征收锡出口税，个锡产量开始有统计数据。世界工业化过程的

---

① 《个旧市情简介》，2020年9月29日，参见http：//www.gj.hh.gov.cn/mlgj/gygj/202009/t20200929_472780.html，访问时间：2022年8月5日。
② （汉）班固撰：《汉书》卷二十八《地理志》，中华书局1962年版，第1601页。
③ （南朝宋）范晔撰：《后汉书》卷九十《郡国志》，中华书局1973年版，第3513页。
④ 红河州文化局：《红河州文物志》，云南人民出版社2007年版，第11页。
⑤ 曹昭：《格古要论》卷六，中华书局2012年版，第219页。
⑥ （明）谢肇淛：《滇略》卷三《产略》，抄本，第17页。
⑦ （清）李焜纂修：《蒙自县志》卷三《厂务》，乾隆五十六年抄本，第39页。

加快，锡的需求剧增，从清初到清末，云南产锡从700多吨逐渐增长到3000多吨，宣统二年（1910年）突破6000吨。[①] 光绪三十一年（1905年），个旧的官商士绅为抵制英法隆兴公司开发云南七府矿藏，成立了云锡公司的前身——个旧厂官商有限公司。后股本扩充，制度变更，更名为个旧厂锡务股份有限公司，并于宣统元年发行了中国历史上第一支锡业股票。[②]

第二节　民国时期的个旧矿山

民国时期个锡的生产并不稳定。从滇越铁路通车到全面抗战爆发前，是云南解放前个旧锡业发展的鼎盛时期，在交通运输的改善、一战对锡的需求增大及部分公司引入机械设备等条件下，个锡生产迅速发展起来，其间每年个锡出口量不低于6000吨，占全国锡出口量的90%以上，1917年最高，达11223吨[③]，个旧成为世界上主要的锡产地之一，个锡闻名于世，个旧有了"锡都"之名。

全面抗战时期的头两年，个锡的产量仍然保持上涨的趋势。根据《云锡纪实》，1938年个旧大锡产量是10731吨，1939年为10050吨。[④] 随着我国香港和东南亚地区被日本攻占，云南锡外运路线中断，加之国民政府1940年开始实行的"大锡统制"政策等，个旧锡矿产量一落千丈，1942年降为3629吨，1943年只有2425吨。[⑤] 除了因战局影响导致的严重停工减产外，日本帝国主义的狂轰滥炸也使其遭受到严重的破坏和损失。日本帝国主义的飞机经常以云南冶金工业区为轰炸目标，工厂被炸塌，机器被炸坏，工人被炸死。从1940年7月日本帝国主义登陆越南起，到1944年3

[①] 《云南省志·冶金工业志》编纂委员会：《云南省志》卷二十六《冶金工业志》，云南人民出版社1995年版，第96页。
[②] 何璞：《云南个旧锡工艺》，云南大学出版社2012年版，第11页。
[③] 云南省历史研究所：《个旧锡业"鼎盛时期"出现的原因和状况》，1979年，第35页。
[④] 陈吕范等：《个旧锡业私矿调查》，云南历史研究所，1979年，第2页。
[⑤] 云南省档案馆等：《云南近代矿业档案史料选编（1890—1949）（下）》，内部资料，1990年，第433页。

月，先后18次轰炸个旧矿区，生产受到严重破坏，许多工程被炸毁，或因轰炸而迁移，机器被疏散，厂房被拆迁。如个旧锡务公司的老厂、锡业公司、锡矿工程处、马拉格厂区均遭到过轰炸，其中锡务公司的化学配药房、洗砂厂，炼锡公司的炼锡厂、熔锡厂、老厂、锡业公司、锡厂工程处、动力厂等厂的机器被毁，矿区索道也被炸断。到抗日战争末期，个旧锡业已经奄奄一息，呈现出一幅"断壁颓垣，蓬蒿没胫，市面萧条，豺狼出穴"的凄凉景象。

图 4-1　1935 年的云南锡务公司马拉格矿山之景①

抗战胜利以后，一方面大量工厂回迁，国民政府则忙于抢夺沿海等区域，无暇再顾及云南的矿冶；另一方面世界市场对锡的需求量减小，加之后来国民党撕毁停战协定，悍然发动内战，个锡生产未能恢复元气，并且很快又被溃败的国民党政府倒卖、破坏。

一、个旧锡矿的开采

个旧锡矿生产中有自己的行话，有的是因为技术上的需要，有的则是生产中的迷信，譬如把含矿的土叫作垅，把夹杂着矿的石头叫作硤，把成

---

① 图片来源于张梓骏摄《云南锡矿》，《良友》1935 年第 107 期。

块的矿叫作碙，把地面叫作草皮，把地面上的石头叫作磷岗，把办矿称"办尖子"，把住的屋子称"伙房"，硐门称"槽门"，把供办尖子物资的人称"锅头"，把驻厂负责的人称"上前人"，把会架欓、懂技术的人称"欓头"，把工人称为"砂丁"或"红脚杆"，等等。

个旧锡矿大多还以土法开采生产，其开采的方法分为三种：一为硐尖，即在山中掘硐取矿；二为草皮尖，在地面逐层取矿，也称"明槽"；三为冲塘尖，于冬春两季时，掘取地面的碙，堆积于水沟两旁，等夏秋雨水多时，将塘投入沟内，任水流冲至数里或至数十里，塘之含锡成分下沉，土石之类则被水冲去，复经石坝数道，至塘尽为止。此法省人力，但采得之锡不多。

硐尖是顺着矿苗向山里打的硐子。因为矿脉普遍是细而长的，所以这种硐子高不过1.6米，宽不过1米。遇到好矿——所谓结瓜的地方，偶然变大，就好像瓜藤中结的瓜一样，硐子才会放大。若是遇到贫矿，或是矿脉断了，要先打石硐，再找矿脉。为节省工本起见，这种地方高不过1米，宽不过0.6米，一个人背着矿砂刚刚可以爬得过去。硐内随矿脉形成的这些坑道称为"窝路"，因硐子是顺着矿脉打的，而矿脉是极不规则的，所以窝路都是弯弯曲曲、上上下下、忽平忽斜、忽宽忽窄的。一般平的地方叫作"平槽""平推①"，斜上斜下的叫作"陡推"，由上直下的称"吊井"，由下直上的称"钻天"或"冒蓬"。开采的年代越久，硐子越深，窝路越难走。采矿的工人往往要走很远的"窝路"，才到挖矿的地方，便是"尖子头"。从硐尖口到尖子头近的100多步，远的到4000步左右。硐尖的深浅也都是以步计。在硐里，出来的人和进去的人相遇时，进去的人通常主动找寻稍宽的地方让路。

在坚固的石头里面，窝路往往只有石顶、石壁，否则需用两根直立的，一根横架的木头做支柱，这便是架欓。遇到松软的地方，需要每一步架一欓，甚至每一寸架一欓（即寸欓）。欓木往往用很坚固的栗木。个旧硐尖的矿多是和土混杂的塘，所以挖塘基本不用放炮，只有探矿或是碛石太多的时候方才用火药炸。硐尖采的塘含矿量最高，但对量难以估计，且

---

① "推"就是"梯子"的意思。

对技术、财力等有更高的要求，所以一旦遇到挖不出𤧛或者𤧛少的情况，很容易导致办矿的人破产。

除锡务公司用新法机械洗矿外，其余厂矿均用土法冲洗。淘洗𤧛的地点称为溜口，一般在挖矿不远处。溜口附近挖几个水塘，水塘上流开许多小沟，作为使雨水流入水塘的水路，然后用槽洗矿砂。个旧的锡矿大部分在五六百米的高山上，开矿的地方基本没有水，而锡矿的淘洗需要水，所以个旧锡矿的产量常常受到水的限制，普通洗矿全靠雨水。开矿的人在山上，用土砌许多蓄水池。冬春时尽力挖矿，把矿砂运到蓄水池不远的地方。夏秋雨水落满蓄水池，大家并力洗矿。

图4-2 工人洗矿[1]

锡务公司则在公司成立之初采办机械，建设洗砂厂。厂分五层，最上部有架空铁索，凡由索道运来的𤧛，倾倒在铁格筛上，细的通过铁格进入钢棒碾矿机，不能通过铁格的大块则经过钢球碾矿机碾细后顺水流入震动

---

[1] 图片来源于《云南个旧锡矿》（附照片），《新中国画报》1947年第5期。

洗砂床，层层选洗。为防止损失，通常不让机械洗选出的矿达到精纯，选择最后用土法精洗一次，再上炉熔炼。

把土等洗净以后，矿砂才可以上炉冶炼。炼锡的炉子是用土砖砌的。后墙直而前墙曲，所以炉身上部是半个漏斗的形式，上大而下小。后墙高7.3米多，厚0.27米，底下有0.6米长的一条缝，缝上有一块横铁板支持墙腰。风箱管就安在缝里，四边用黄土封涂，不令透气。装风箱管不用圆洞而用长缝，如此风管可以随意向上下移动，以应炉火的需要。前墙比后墙厚而低。底下也有0.4米的长缝，也用土封好，只在最下留一个小孔。这是出锡的地方。孔前有一个砂池，砂就流入其中。不出锡的时候，风从后吹入，火从孔出，砂池温度很高，锡不能凝结。前后墙之间为炉身，矿砂和炭就装在里面。每炭2层，中间夹矿砂1层。每6个小时，装砂8桶（约800斤），用炭500斤。上矿之后锡就陆续流入砂池。锡流完后再出的就是渣子。渣子流完，然后上矿。每3个小时，工人把沙池里的渣子去掉，取锡出池，倒在沙模里凝成锡片。每片重约50斤，每50片为1张。张是计算锡的单位，每锡50片，课税122元，收税委员发税单1张，因此得名。出炉的渣子，含锡还多，又可以拿来碾洗，再和矿砂掺和入炉。又锡砂有硬软之分，硬砂要火力大，须用栗炭；软砂要火力小，须用水冬瓜炭。砂在硬软之间则用松炭。或者用两三种炭混合上炉，叫作配炭，是土法炼锡最困难的技术。火力过小则矿不能熔；火力过大则锡又成灰，所以必须配炭。①

二、私矿

个旧除了锡务公司以外，还存在着大大小小各种类型的尖子，根据个旧厂业同业公会1933年、1934年两次调查的结果（见表4-1），且因"厂尖数目及其分布情形，从无精确之统计，兼以各厂尖兴替靡常，变动频仍，是以准确之数字，尤为难得"②，加之当时捐税名目繁多，有一些厂

---

① 丁文江：《漫游散记》十《云南个旧（续）：个旧的土法采矿冶金业》，《独立评论》第21号，1932年10月9日，第19-20页。
② 苏汝江编著：《云南个旧锡业调查》，国立清华大学国情普查研究所，1942年，第19页。

尖主人会尽量逃避登记,所以实际数字可能还略高于这些登记在册的矿尖数。

表4-1 个旧厂业同业公会两次调查厂尖情况表

调查时间	硐尖（户）	草皮尖（户）	塘碴尖（户）	总计（户）
1933年8月	1386	612	346	2344
1934年9月	2700	930	550	4180

资料来源：苏汝江之《云南个旧锡业调查》，第19-21页。

从炼锡炉号和大炉数量等生产设备的情况上看,据《个旧锡业概观》中1924年统计的资料,天元昌、兴盛祥等55家炉房共拥有大炉51座,同时期的锡务公司有大炉4座。至于在整个个旧锡矿的总产量中,私矿也占压倒优势,私矿的个锡年产量远远高于锡务公司的年产量。但云南冶金工业中统称的"私矿"又并不完全都是民族资本。所谓"私矿",大体上包括以下几类。

一是由地方军阀、官僚、地主投资兴办的厂尖,这类厂尖拥有政治势力作为背景。其资金来源、经营方式和对矿工的剥削都与一般私矿有所不同,具有更强烈的封建性,通常是直接和政权及武装结合在一起,由军阀、官僚巧取豪夺强占矿区而开办起来的。从滇系军阀头子唐继尧起,云南地方官僚势力龚家、龙家以及国民党军长、师长、县长、区长等大多都有自己的厂尖。大地主办厂的如石屏的周三兄弟二人,东川的赵家、马家,他们都独自或共同拥有大小不一的厂尖或炉房。个旧则把这一类厂尖称为"老爷尖子"。他们除了在矿山生产中从事剥削外,还强迫工人在不宜进行冶炼生产的期间下田干农活或从事其他劳役。这一类厂尖又可分两种类型:一种是军阀官僚利用政治势力霸占得的"股份"和厂尖,或者用"政府"款项经营,属于官僚资本。但另外的一部分则属于军阀官僚本人在政治上垮台之后,转而经营厂尖炉号,其生活以办矿收入为主,这一部分厂尖一般应该属于民族资本。

二是小生产者经营的硐尖,这些小生产者一般都是来自附近各县的农民或手工业者，他们迫于经济剥削和政治压迫而到矿山谋生。这些人由于资金不多，多经营磹硐与柴炭运输，在厂尖上有的被称为小硐主。这些人多半亲自参加劳动。有的则是三五人合伙，共同劳动，均分收入。不过这种私矿的经济状况很不稳固，处于不断分化的过程中。再加上生产技术的不发达，经营采矿往往带有一定的盲目性，所以也和其他企业的情况一样，大多数降为雇佣工人，少数因掌握了一定技术而成为欀头①之类，只有极个别的才由于偶然开到富矿而暴发起来。

三是民族资本投资兴办的厂尖、炉房。整个看来这种类型的矿厂数量最多，在整个生产中居于优势地位。由于资本的多少，企业规模也有大有小，大的拥有1000多乃至两三千工人，如个旧资本家李恒经营的天良硐就有上千工人，专有100多匹驮马运塘。民国初年，建水人朱渭清在个旧办厂致富，在家乡修建了一座72个天井的大宅园。厂商韩才具的尖子遍布个旧野鸡硐、黑明槽、大冲、长冲等地。规模小的私营厂尖，则有七八个工人到数十个工人不等，东川、易门等地的炉户、磹户多半属于这一类型。

在个旧矿区开采者，供头或锅头，即厂主，一般只是出资办厂，并不亲自参与生产与经营管理。厂尖业务由资本家代理人——"上前人"具体经办，"上前人"在办厂和采矿技术方面经验较丰富，得厂主信任，并常有出资与厂主合伙经营者，纵未出资合伙，分红亦较为优厚。下为"先生"或司书，负责记账、文书、记工人动静、背塘次量及缝麻袋等杂务。再下有"月活头"，专司招收矿工，矿工工作时负责监督，防止矿工逃亡。其人数不定，多由"欀头"②充当。"欀头"或工头，向上受"上前人"指挥，向下则管理全厂砂丁及洞中整塘架欀之事。所谓整塘，系在洞中与砂丁一同挖塘，开凿窝路，辨认塘色，并监督砂丁工作。所谓架欀，系以欀木支持洞口及窝路，防止崩陷等，皆由欀头决定。欀头之架镶与整塘者，皆各有专司，每年厂中盈利，欀头亦可分润少许。《滇矿概略》谓："欀头每洞一人，辨察塘引，视验塘色，调拨捶手，指示所向，松塘则支设欀木，闷亮则安排风箱，有水则指示安竜，得矿则核定卖价。凡初开

---

① 矿场技术指导和安排劳力等事务的头目。
② 苏汝江《云南个旧锡业调查》写为"镶头"，本文从《云南冶金史》，皆作"欀头"。

洞，先招攘头，如得其人，洞必成效。"亦可见攘头之重要矣。惟攘头并非每洞一人，普通一厂之攘头多少不一，要视规模大小及砂丁人数而定。攘头之下为矿工，通称砂丁，任背矿、挑矿、打短①、烧火、守夜、杂务等劳苦工作。②洗矿方面则是戽水工、揉矿工、打小扒、搅矿工、搅沟工、磨马工等。东川、易门等地则没有"上前人"这一阶层。熔炼方面，主要由炉房担任，没有固定的组织，生产时才聚在一起，由炉头负责召集。这种炉头受炉户的约束，一呼即至。

个旧的私营厂尖中拥有矿区的很少，买进别人的矿区来办的也不多，大半都是发现矿苗后才租赁土地来开采。一般说来，投资形式有下列几种：厂主独资开办；由"上前人"或他人自备资本开办。此外，还有一种投资者只是采买矿砂，揉洗、整理成净矿后卖给炉户；另一种只采买剩余的矿碴首尾，洗整后取得净矿再卖给炉户。

随着私矿的迅速发展，大大地改变了矿区的面貌。以个旧为例，由于从事锡矿生产的人占当地人口中的大多数，所以有"矿业城"之称。据《个旧县志稿》上的估计，个旧解放前办厂采锡者约占全县人口的30%，炼锡的炉户约占5%，买卖矿砂大锡和开店铺者约占30%，以"砂丁"为主的工人约占30%，其余办炭供炼锡用者和军政教育各界约占5%，与锡发展有密切关系的出口贸易、金融、商业也都盛极一时。随着个旧锡矿产量的增加，出口量也在增加，1917年达到185634担。这样，专事经营大锡贸易的厂帮更加活跃了，前后成立了近千家较大的锡号，专门在个旧、香港间经营锡的运销和买卖。在1912—1936年间，个旧有富滇新银行、劝业银行、锡务银号、个碧石铁路公司等银行、企业，其他各种行业也主要因锡业的发展而相继出现。《云南个旧锡业调查》上说："街上行人，摩肩接踵，驮马大车，拥塞不堪。其为繁荣可想见矣。但商业发达与市面繁荣，无不直接间接与锡矿有关。"在交通运输方面，个碧石铁路的投资也完全出自矿业。在修建前后20年内，每张锡要抽银20两，每烧"一个炭"（一昼夜）抽银3元，每桶矿砂抽1元，作为修路费用。矿山的兴盛

---

① 洞内打杂者。
② 苏汝江编著：《云南个旧锡业调查》，国立清华大学国情普查研究所，1942年，第23页。

和铁路的修建，是广大矿工血汗的结晶。云南其他矿区虽不如个旧这样突出，但从总的情况来看，民族资本都有所发展。

私矿的发展缺乏有力的保障和坚实的基础，因而虽然在一个时期内居于优势，但是在反动政府统治下，受到内外反动势力的压迫，发展极不正常，而且在销售、运输等方面处处受到地方官僚资本的排挤与打击，所以它不可能获得真正独立的发展。

抗战胜利后，个旧锡业资本家迫切要求恢复往昔的繁荣，认为国民党政府会从事生产建设，放松对私营厂矿的控制和满足他们的要求。从1946年起，他们先后向国民党中央政府和云南地方政府发出希望救济和恢复个旧锡业的呼吁。1946年4月，个旧锡商拟订了上蒋介石的请愿书，要求废除大锡统制，豁免锡税三年，低利贷款恢复生产。10月，个旧商会、矿业公会、熔锡业公会召开联席会议，做出五项决议，交出席国民党国民大会的代表和全国商联总会代表，向国民党政府提出呼吁：①要求财政部豁免锡税三年；②实施大锡出口补贴政策；③迅速修复滇越铁路，减轻运输成本；④要求救济总署拨发工矿用具以利生产；⑤要求中央迅速颁发矿区执照以保障人民业权。但经过半年多的奔走呼吁，除了大锡统制解除外，其他各项要求，国民政府一概置之不理。而当时个旧锡业生产已基本停顿，国民党政府能通过大锡统制政策获得的利益已经不大了，取消大锡的统制政策反而还能博得"关心民营生产"的美名。① 所以个旧锡业资本家对此反应十分冷淡，因为这时最需要解决的问题是取得贷款以恢复生产。

为了解决恢复生产的资金问题，个旧锡业资本家通电、派代表、委托有关人士不断地向国民党中央政府请求贷款。1947年初，国民党资源委员会表示将以"贷款收砂"的办法，贷给个旧锡商30亿元。恰逢锡价上涨，个旧锡商认为前途大有希望，不少歇业倒闭的厂炉商凑了一小部分资金返回个旧，准备先行开工，等资源委员会贷款到来，就可以大量生产。每天在个碧石铁路上，到个旧的矿商和矿工都在千人以上。厂家由原来的300多户骤增至2000多户，矿工由5000多人增至30000多人。个旧锡矿突然

---

① 云南大学历史系、云南省历史研究所云南地方史研究室：《云南冶金史》，云南人民出版社1980年版，第212页。

出现了繁荣景象，可是这种繁荣是短暂的。"……至于卷土重来之矿商，类多因闻锡价高涨及贷款消息而来，所预备之资本，皆不充实，多仅准备一二百万元，若下月中旬或下月尾贷款仍不至，则崩溃之危机，亦将随之到来。"① 事情的发展果然如此，正当个旧锡业资本家幻想重振旧业，等待贷款的时候，资源委员会忽然来电通知撤销"贷款收砂"办法。一时人心惶惶，整个矿区陷入了混乱状态。个旧锡矿、熔锡两公会立即在商会大楼召开了 200 多人参加的厂炉代表大会，议决救济办法，并推派代表 4 人向云南省政府紧急请求设法救济。当时个旧县参议会也电告省府："贷款未见实行，人心愈现惶恐，改途停业日有所闻，务朔望吁请快刀斩麻，立予救济，否则时机再误，恐难挽此崩溃危局也。"② 国民党资源委员会在撤销贷款时，虽曾建议四联总处贷款给个旧锡商，但个旧锡商多次电催也没有得到半点回音。最后，还是由昆明几十家公私银行贷款 25 亿元，才使个旧锡商暂渡难关。

其后，个旧锡业资本家转而又企图依靠自己的力量，通过"联合开采"和"改进技术"的方法，来维持生产。个旧厂炉商"中国经济建设研究会个旧分会"和"锡矿合作社"就是在这样的情况下组织起来的。资本家参议员钟兴祥在个旧县参议会上建议"集中使用资本，采取半机械化方法进行开采"。商会主席又提出了"个旧锡矿发展计划"，这个计划有两个要点：一是生产技术化；一是集中采办，合作改进。虽然个旧锡业资本家有力图自我恢复和发展的愿望，但是这种努力亦很难实现。一方面，他们的力量十分弱小，要想发展，就不得不仰赖帝国主义和官僚资本，最突出的便是资金不足，仍然要求官僚资本贷款，而革新生产，又要依靠帝国主义提供技术设备；另一方面，帝国主义和官僚资本不仅不会给他们以真正的扶持，相反却在市场、价格、运输、借贷、捐税、物资供应等方面加紧对他们的控制和打击。在这种情况下，个旧锡业资本家要求独立发展私人资本的计划，就不能不成为一种空想。锡矿合作社成立以后，生产规模依

---

① 云南大学历史系、云南省历史研究所云南地方史研究室：《云南冶金史》，云南人民出版社 1980 年版，第 213 页。

② 云南大学历史系、云南省历史研究所云南地方史研究室：《云南冶金史》，云南人民出版社 1980 年版，第 214 页。

然如故，技术也未见革新，私人资本的衰落和破产仍然并未因此而有任何改变。

到 1949 年，个旧锡业的私人资本已临近崩溃的前夕。美国停止锡的进口，国民党统治区货币贬值，通货膨胀，物价猛升，个旧锡业无任何复兴之望。国民党省参议员马伯周在省参议会上替个旧私人资本家悲叹道："锡矿前途非常悲观，若再不设法救济，则又临崩溃之境，其危险性严重万分。"个旧《曙光日报》也呼吁执政当局重视现实，采取挽救办法。但是这些呼救，并没有改变个旧私人资本的厄运，厂矿成批地歇业关门，矿工人数锐减至几千人，个旧锡业崩溃了。[①]

三、帝国主义的掠夺

在全面抗战前，对个旧民族资本的限制与掠夺以英、法两个帝国主义国家为最重，主要表现在抬高关税和运价、控制锡价和销售市场、组织"锡囤"以及垄断外汇等方面。

云南出口的锡，绝大部分都要经过法国殖民统治下的越南，法国除采用修改越法海关税率和利用金法郎与越南货币比价的变更任意提高关税外，还征收高额的过境税。这抬高了大锡出口的成本，导致一方面云南私人资本因利益受损，加重对矿工的剥削；另一方面，由于个旧大锡依赖国外市场，因而也就阻碍了大锡的销售。

云南私人资本对法国抬高滇越铁路的运价也同样束手无策。滇越铁路公司利用 1903 年"中法滇越铁路章程'第二十三款'中客位货物运送价值，均系公司自行核定"的规定，经常改订运价。起初是三年一加，1918 年以后变成一年一加。1920 年 8 月，该公司又规定从该年 10 月 1 日起按新章计费。照新章计算，每吨货运价加为原运价的 242%，这激起了云南工商界的愤怒。当时的云南总商会一面请求云南交涉署提出严重抗议，一面通电全国商会声援，同时采取了三项措施：一是决定从铁路运价新章实施之日起，停止由滇越铁路运货；二是设立"滇粤运道筹办处"和"筹办

[①] 云南大学历史系、云南省历史研究所云南地方史研究室：《云南冶金史》，云南人民出版社 1980 年版，第 215 页。

蒙剥路政办事处",准备修筑滇邕(广西—南宁)、蒙剥(蒙自—剥隘,通广西百色)两条大道,改用骡马运货至广州,以资抵制;三是准备把蒙自到个旧的小铁路延伸到昆阳,以利省内运输。但云南总商会提出的措施均无法得以实施。首先,看似对改变受法任意鱼肉有利,但新修路纵然经费、畜力不成问题,也需时间,个旧大锡等矿产无法出口,锡商等便无法维持锡的正常生产。其次,整修大道,修筑铁路,需要大量的资金,对此个旧私人资本力不从心。再次,云南地方政府对"云南总商会"的支持仅仅停留在口头上。停止由滇越铁路运货也仅在昆明实行了12天,个旧、蒙自则根本没有实行。①

在第二次世界大战以前,英帝国主义操纵着国际的锡业市场,因此,"个旧大锡价格,视香港行情为转移,而香港行情,又视伦敦及新加坡之行情为转移"。英帝国主义把持下的国际锡业公会是在1931年世界资本主义经济危机发生时,为了控制锡的生产和储量,防止锡价下跌而组织起来的。1931年8月,它组织第一次"锡囤",规定各产锡国家的产量、运量、储量,以保证英国垄断资本的利润,使它摆脱经济危机的打击。在"锡囤"的打击下,个旧锡业从1929年产11800吨下降到1931年的6025吨。经过1934—1936年第二次"锡囤"以后,直到1936年为止,个旧锡始终没有超过9000吨的产量水平。产量的降低固然还有其他原因,但个旧大锡的销售既然主要依赖国际市场,帝国主义的垄断和控制就始终是民族资本发展的一大障碍。如一战结束后,由于国际市场锡价下跌,个锡价格由每吨1500美元跌到六七百美元,致使锡大量滞销,许多厂尖遭受打击。

操纵外汇也是帝国主义摧残民族资本的手段之一。法帝国主义对于云南矿业的掠夺,主要是通过东方汇理银行与滇越铁路和法越海关来下手的。法国东方汇理银行蒙自支行自1914年起,就操纵着锡的外汇市场。东方汇理银行操纵云南的外汇,支配云南的金融,最重要的手段是办理个旧销往香港的大锡的跟单押汇。按照这种办法,大部分个锡外销换得的外汇都为它所得,用来居间盘剥,操纵云南金融,使云南金融也就更加紊乱,经营锡矿也随之更加困难。这种跟单押汇办法实际上就是外人(列强)的

---

① 施义:《锡都今古纵横探》,云南省金属学会个旧分会,1987年,第78页。

间接放债，"就中放债，最多者则东方汇理银行也，该行以格于条约不能直接放债，必以大锡为抵押，以四个月为偿还期限，利息一分五厘至二分。厂商对于本国银行既不得汇又不得押，自不能不求救于外人之银行，将所出之锡押汇至香港，甘受外人之重利盘剥而不言者，亦为资本所限，必须藉此以资周转也。该银行所得净利即跟单一项亦将近百万元，此项漏卮不能补救，则个厂前途终无发展之望"①。列强通过给中国政府借款，在中国开设银行等手段，垄断了中国的金融和财政。它们不但在商品竞争上压倒了中国的民族资本主义，而且在金融上、财政上也扼住了中国的咽喉。

云南地方官僚资本在锡业上投资最大，自然不甘心这笔优厚的财源落入他人之手。为了争夺这笔外汇，1926—1929 年间，云南省三次召开金融财政会议，实行所谓整理金融计划，富滇新银行还用高价买锡运往香港以争外汇。1932 年 7 月，由云南省政府授权管理外汇的富滇新银行，先后制定了《管理外汇办法》《办理外汇细则二十条》《大锡跟单押汇章程十七条》等条例，经过许多周折后才把外汇管理权掌握起来。但这种胜利的取得，更多在于法帝国主义势力的衰退。②

1937—1949 年间，个旧锡业同全省矿业发展一样，由极盛逐步走向衰落、停顿。美国则取代了英、法剥削个旧锡矿产销的位置，并通过四大家族，从产品、价格、技术、资本等方面压榨、垄断锡业。

自 1939 年以后，个锡运往美国的比重占 38.66%，居第一位；销往英国的已降至 23.71%，退居第二位，即使把销往南非的 2.83% 和销往埃及的 1.74% 合并计算，英国垄断资本控制云南大锡销售的部分也只占 28.01%。③ 美国所占比重不断增大，英国垄断资本几乎完全被挤出。《资源委员会经济研究室报告》（秘密 050 工种十六号）："自去年（1939 年）欧战爆发，大锡运销伦敦者大为减少，迨十一月中央统治大锡以来，几乎

---

① 云南大学历史系、云南省历史研究所云南地方史研究室：《云南冶金史》，云南人民出版社 1980 年版，第 125 页。

② 云南大学历史系、云南省历史研究所云南地方史研究室：《云南冶金史》，云南人民出版社 1980 年版，第 132 页。

③ 苏汝江编著：《云南个旧锡业调查》，国立清华大学国情普查研究所，1942 年，第 48 页。

全数销纽约矣！"①

美国还假手国民党政府的经济统治，廉价收购云南省矿产，通过签订一些协定来巩固和扩大其既得利益。如1940年3月15日，订立《中美售购华锡合同》，规定7年之内中国必须交售纯度为99%的锡4万吨给美国，且锡的售价必须较纽约平均市价每磅减美金1分计算，而当时国内的锡95%产于个旧。1941年2月4日，订立《中美金属借款合约》，同意输运价值6000万美元之华锡，及其他军用原料，售给金属公司。1948年7月3日签订的《中美关于经济援助协定》规定，中国政府对美国因其本国资源中缺乏或可能缺乏而需要之中国所产物资转移于美国，无论系为储备或其他目的，都将予以便利。同年，美国宣布停发"99"锡进口执照，使个旧锡业厂商再次大批倒闭。美国还迫使资源委员会签订"交砂抵偿美援贷款"的协定。在美援经济建设调查团招待会上，团长司徒立门宣称计划在个旧设立公司，按市价收购锡矿砂，直接运美。一旦由出口精锡变为出口锡砂，将导致个锡冶炼厂商全部倒闭，个旧沦为其原料产地。个旧民众一致反对，并进行了斗争，但美国无视一切反对意见，在与资源委员会及云南锡业公司数度商谈后，订立了《云锡运送精炼协定》和《交砂抵偿美援贷款的协定》。1949年，个旧锡砂开始了有史以来的第一次外运。每天有大批锡砂，经过个碧铁路运到蒙自，美国陈纳德空运大队由蒙自把锡砂运到海防，装船出海。② 个旧锡由成品外销变为原料输出，个旧沦为了美国的锡原料供应地。

四、个锡的运销

个锡的销售主要是靠出口。近代以来，随着资本主义国家工业化水平的提高，对锡的需求增加，而中国由于工业发展迟滞，对锡的生产加工更多在制作锡器、锡箔的阶段。《云南个旧之锡矿》记载："个旧所产大锡，除当地及本省锡匠消费极少数量，用以制造花瓶、烛台、碟、盘等器皿外，则几乎全部运出云南，其中少数转口至国内各港埠，大部销至国外市

---

① 施义：《锡都今古纵横探》，云南省金属学会个旧分会，1987年，第84页。
② 董孟雄、郭亚非：《云南地区对外贸易史》，云南人民出版社1998年版，第469页。

场。其转口者，多至上海，然后再分销沿海各口岸。其用以制锡箔最多，锡器次之。"①

个锡的市场主要在欧美，第二次世界大战前，销量以英国为首；二战中，销往美国的锡开始超越英国，尤其是 1940 年签订的《中美售购华锡合同》要求"在 7 年之内中国必须交售纯度为 99% 的锡 4 万吨（每吨三千磅）给美国"② 以后，个锡的出口基本上已经为美国所控制。

关于锡的运输，在滇越铁路通车前，最初由陆路取道广南、剥隘、百色至北海运往香港；后来也由个旧以牲口驮至蒙自之蔓耗，用舢板装载下水，沿红河顺流而下，经越南老街、河内至海防，然后航运至香港，在香港精炼成标准锡后，再销往其他国家（少部分则转口至上海，再分销各地）。1910 年，滇越铁路通车后，锡从个旧驮至碧色寨，由滇越铁路运往越南海防，再航运至香港加工，销往国外。个碧石铁路通车后，个旧至碧色寨间的运输也改为铁路。这时，个旧至碧色寨只需六七小时，碧色寨至海防也只需 2 日左右，比之过去从蔓耗至海防需要 18 天，大大减少了运输时间和运费。1940 年 6 月，日军占领越南，云南锡的出口改运至昆明，再通过滇缅公路运至仰光，然后销往其他国家。③

关于锡的销售、出口，1940 年以前，主要是由"滇帮""广帮""簸箕客"等商人群体进行。"滇帮"有数家，至 1942 年仅有"万来祥"1 家。他们仅在个旧收购大锡，运至香港售与港商。"广帮"与香港锡商联络更多，大多还兼营出口贸易，常驻个旧的有"福兴泰""元兴""亿昌""鸿兴"等 10 余家。"簸箕客"属于投机商人，当大锡行情初显时，将锡买入；待到锡价上升，则又卖出。其次，云南省政府下的富滇新银行、管理贸易委员会以及个旧锡务公司也做大锡买卖。最后，也有外国商人常驻个旧收购大锡，如法商"徐碧雅洋行"与"龙东公司"等。④ 1939 年 11 月开始，国民政府经济部资源委员会确定个锡为特种矿产品，特设云南出

---

① 曹立瀛、王乃梁：《云南个旧之锡矿》，1940 年，第 88 页。
② 龚古今、悕修：《第一次世界大战以来帝国主义侵华文件选辑》，生活·读书·新知三联书店 1958 年版，第 224 页。
③ 杨寿川：《近代滇锡出口述略》，《思想战线》1990 年第 4 期，第 85 页。
④ 杨寿川：《近代滇锡出口述略》，《思想战线》1990 年第 4 期，第 86 页。

口矿产品运销处，执行统制事宜。此后，滇锡的出口贸易即完全由政府控制。

此外，锡商将其收购的大锡运至香港后，因土法炼制的个锡成色不一，未经化验，且与国际上的计量单位不一致①，所以不能直接出口。香港的锡商便成立精炼点加工，如"冯登记""志兴锡号""永康锡号""成利锡号""天兴栈"等，通过以个锡加洋条重新提炼、改装的办法，提高成色，改装成国际通行样式，再在香港中央化验所化验合格后，运销欧美。直至1933年缪云台聘用外国技师以新法炼出99.75%的精锡，个锡才不再全受香港锡商的剥削，可以直销外洋。

图4-3 仓库中的个旧锡②

五、矿工苦难

在个旧甚至有因为过路、探亲或做小生意而被资本家用武力抓去当工人的。他们被戴上镣铐，锁在监狱式的"伙房"里，有荷枪实弹的一大批

---

① 滇锡以块为单位，每块50斤；国际市场以磅为计量单位，精锡每片112磅，20片1吨。
② 图片来源于《云南个旧锡矿》（附照片），《新中国画报》1947年第5期。

厂丁和碉楼岗哨严密监视。在许多厂尖里，不但有各种名目的刑具，还有二三十斤重的脚镣。为了防止工人逃跑，不少地方密布岗哨，遍设碉楼，"伙房"外面环绕着围墙，工人进碉后碉口被盖上，在草皮尖上的工人被铁丝拴着干活，晚上睡觉时工人被戴上手铐脚镣，门外还要上锁。对于企图逃跑，或是因逃跑被捉回来的工人，更是灭绝人性地滥施非刑。资本家随时用扁担、檩木、铁棒、枪托打杀工人，有的还用"敲螺丝骨""钩镰扎身""小刀片肉""老牛拔桩""坐软板凳"等酷刑来残害工人。在许多老工人的回忆中，都谈到刻字、烙身、割耳、拉肠、戴石帽、剖腹挖心、活埋等骇人听闻的惨事。所以人们把矿山称为"人间地狱"，把"砂丁"叫作"二十世纪的奴隶"。

至于个旧矿工的数字，一方面是因矿工不堪虐待，大量逃亡，流动性很大；另一方面则是因厂主有意隐匿虚报，所以很难统计精确，官方所调查的数目，显然都比实际人数少。据《云南行政纪实》中的统计，个旧锡务公司1929—1936年8月间的职工人数如表4-2。

表4-2 个旧锡务公司1929—1936年8月间职工人数[①]

年份（年）	1929	1930	1931	1932	1933	1934	1935	1936
职员数（人）	174	192	157	148	147	153	154	151
工人数（人）	2434	2489	2144	2321	2458	3200	3309	2899

这与《云南经济》中说的"总计矿工约三千余人"大致相符。但问题在于个旧锡务公司产量在个旧大锡总产量中所占的比重不大，它所拥有的工人数也远远不及私人经营的厂矿多。在《个旧锡业概观》中，1923年个旧矿工共有约37938人。1935年6月20日《云南日报》登载的一篇报告中说，1930年个旧有工人22500人，1931年为30000人，1932年为35000人。个旧厂业同业工会1933年调查为36109人，1934年9月调查时增为51407人。可见，私营厂矿的工人人数远远超出锡务公司工人人数。在个

---

① 根据《云南行政纪实》第十三册《经济一》和《锡业调查》《云南经济》等资料编制。

旧锡矿最兴盛的时期，矿工人数还要高出几倍之多。《个旧县志稿》说："综计各厂工人不下十五六万，著名各场多至万余人，人数之多殆为全国矿山之冠。"另外，根据《云南经济》的记录，1900年产量尚为2900吨，1917年竟已超过11000吨。① 在当时生产技术比较落后的情况下，产量的显著增加，主要只能依靠增加工人来实现。

图 4-4 砂丁②

六、工人与党

民国时期，由于锡矿，个旧成为云南产业工人极为集中的地方，在个旧开展工人运动，发动组织锡矿工人反抗资本家的统治，是中共云南地方组织的一项重要任务。1927年12月，中共云南省特委扩大会议决定建立中共个旧临时县委，提出要到个旧锡矿秘密发展党和工会的组织，领导工人运动。次年初，国民党政府部队驻守个旧，部队中建有中共党支部，有

---

① 云南大学历史系、云南省历史研究所云南地方史研究室：《云南冶金史》，云南人民出版社1980年版，第115页。
② 图片来源于钟道树《个旧之锡矿（附图、照片）》，《学生杂志》1939年第6期。

党员8人，后又介绍2人入党，建立了个旧党支部。①

1928年1月初，党员卫秉礼（卫立三）到个旧工作受挫，遂转个碧石铁路开展工作。党组织又通过社会关系，在个旧安插了3个同志去保厂团当团丁，团员何象尧到木登硐小学，党员束嘉猷（张彬）到城区个旧县第一两级（初小、高小）小学当教务主任，建立工作据点。后发展1个小学教师和1个矿厂的小工头入党，成立了党支部。②

2月，中共云南省临委委员、迤南区委书记李鑫和马逸飞来到个旧，一面做工掩护，一面寻找进入矿山的路子。为打入矿山，接近工人，李鑫在迤南革命据点蒙自县倘甸村和蒙自城外的小东山村练习赤脚走路、跑步、挑水，在太阳下暴晒，把皮肤晒得脱皮，用河沙、炭灰擦身，使皮肤变得粗糙黝黑，还蓄起胡须，学习矿工的话。4月，李鑫来到个旧南部的黄茅山老君矿当砂丁，每天和工人们一起下矿硐背垅，穿着粗布烂衣，干着超出体力的牛马活计。经过两个多月的调查，李鑫向中共云南省临委提交了《个旧情况分析和工作意见》，指出个旧私矿规模小，多有自己的武装，对工人管理很严，难以开展工作，建议转移到规模更大、开始机械化的个旧锡务公司。

当时锡务公司大体分为牯山、云洞和马拉格3个区域，其中马拉格是最重要的矿区。1928年11月，李鑫和工运积极分子杨逢春通过党员戴德明的介绍，化名施鸿祥，进入马拉格矿区当索道工人，在矿山中与工人同吃同住，与他们谈心交朋友，为他们写信，关心他们的疾苦，逐步赢得了工人的信任。同时，李鑫利用矿山中流传的生产曲调，填上揭露资本家剥削压迫面目、抨击社会黑暗、诉说工人疾苦等内容的歌词，编写出了《土劣歌》《走厂调》《工农兵大联合》等20多首歌谣，一首首歌曲通俗易懂、朗朗上口，唱出了矿区砂丁的悲苦现状，唱出了工人心底的诉求和渴望。歌曲迅速在矿区及周边农村传播开来，极具教育意义的歌谣在潜移默化中

---

① 寸琦、袁潇楠：《生生不息的矿区革命星火——探访中共个旧锡矿特别支部建立地》，《红河日报》2021年3月26日第2版。

② 《经过他们的努力，党组织在个旧站稳了脚跟》，2021年5月6日，参见 http：//www.gj.hh.gov.cn/mlgj/mlgj_1/202105/t20210506_520659.html，访问时间：2022年8月13日。

启发了矿工的阶级觉悟，鼓舞了他们的斗争意志。

走厂调①

正月里，是新年，朋友约我去出门，叫声爹娘莫挂念，四十八厂走两年。

二月里，天气长，大风垭口好乘凉，三条大路通个旧，不知哪条通栈房。

三月里，闷沉沉，个旧街心找熟人，找着熟人不认我，揩揩眼泪进栈门。

四月里，四月中，老板下山招弟兄，弟兄招得三五个，开销栈账领上工。

五月里，是端阳，挑起担子进伙房，老板问我敲钉敲锤我可会，敲钉敲锤我不会，自缝谎兜拉出场。

六月里，火把节，窝路矮小最难歇，鹞子翻身葫芦口，长虫褪（蜕）皮曲又折。

七月里，中元节，手板棒子②眼泪滴，弟兄问我哭哪样？肩头背上拉脱皮，一心要想歇个气，㯭头③老板不给歇，老板看到皮柴打，㯭头看见用脚踢，老板好似催命鬼，㯭头好似阎王爷。

八月里，月儿圆，老板借我二百元（指旧滇票，合国币20元），一心要想带回去，弟兄约我去赌钱，头宝开个花八点，二宝输脱百廿元，一心要想带回去，不多不少好羞惭。

（又）八月里，月儿圆，老板借我两串钱，一心要想带回去，弟兄约我去赌钱，头天赢的两三串，二天衣裳被窝都输光，还是老板心肠好，借床蓑衣过冬天，头冷蓑衣盖，脚冷灶灰埋。

九月里，九月九，要找东家个旧有，要吃白米花扎口，打个"飞子"（纸条子）三两石，不去飞子二三斗，再过几日不驮到，

---

① 中共云南省委党史研究室、中共红河州委党史研究室、中共龙陵县委党史研究室：《中共云南组织创始人——李鑫》，云南民族出版社2008年版，第3-4页。
② 指扦手。
③ 矿场技术指导和安排劳力等事务的头目。

大众弟兄要逃走。

十月里，冷凄凄，秋风秋雨扫郎衣，妹在家中烤大火，郎在外面冷些些，家中不有零钱使，随便卖点零东西，赊账莫要卖，现钱高低些，广东毫子你莫要，云南毫子高低些。

冬月里，冷得慌，写封书信回家乡，家中老米有几颗，挣钱吃苦整哪样？厂尖不打常年在，花儿能有几时香？

腊月里，一年完，寄信回家要过年，初一不到十五到，十五不到望二年①。

与此同时，李鑫还与那些深受苦难、已经觉悟起来、有革命要求的矿工喝鸡血酒拜把子，以兄弟相称，成立了"弟兄会"，接着又在弟兄会内部把可靠的、坚定斗争的工人组织起来，成立了60多人的"秘密赤色工会"，并发展最先觉悟的工人入党。到1928年底，在矿山支部的基础上建立了个旧矿山特别支部，有党员7人。支部内部分工主要是李鑫在马拉格锡矿组织弟兄会，戴德明在锡务公司掌握总体情况，杨逢春在个旧选矿厂索道负责联络。至此，在马拉格形成了以特别支部为核心，赤色工会为秘密外围，弟兄会为公开组织的工人革命队伍。②

1929年2月，中共云南临委派从日本留学回国的党员艾志诚（艾其国）到个旧，在菜市街开了一个刀烟③铺，负责联络矿山的党员。这个刀烟铺作为矿山工人下个旧"买刀烟""点眼药"的地方，是党组织在个旧的联络站。李鑫等人关心工人疾苦，帮助工人写家信，买刀烟分给工人。艾志诚以李鑫朋友的身份用硫黄煮水替矿工洗疥疮，给有眼疾的矿工点眼药水，煮饭给他们吃，联络矿工们的感情，广交朋友。④

---

① 即下一年。
② 寸琦、袁潇楠：《生生不息的矿区革命星火》，2021年3月26日，参见 http：//www.gj.hh.gov.cn/mlgj/mlgj_1/202103/t20210326_510090.html，访问时间：2022年8月13日。
③ 刀烟指烟叶加工切细后作为水烟筒吸食之用的烟丝，盛产于蒙自，近销于红河两岸的个旧、建水、石屏、开远等地。
④ 《在他们的努力下，党组织像楔子般打入了个旧矿山》，2021年6月15日，参见 http：//www.gj.hh.gov.cn/xwzx/msgz/202106/t20210615_527505.html，访问时间：2022年8月13日。

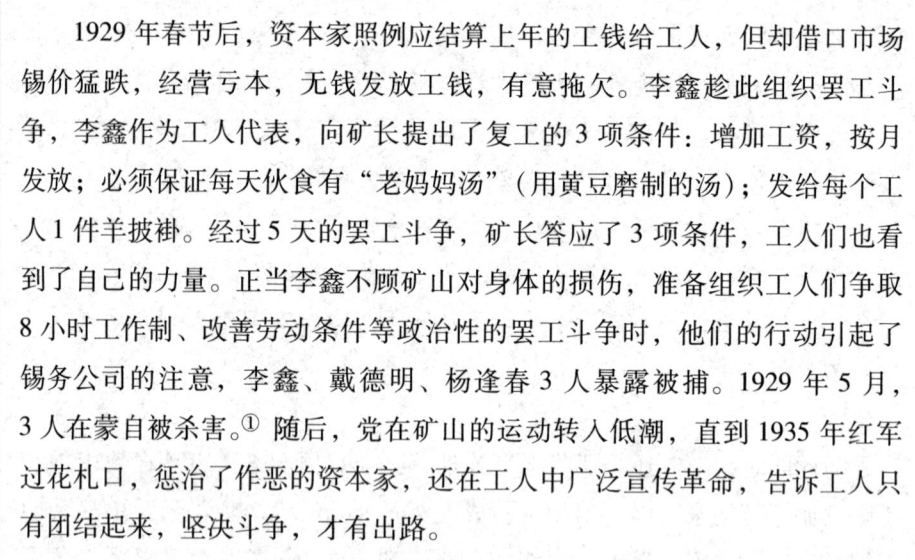

1929年春节后，资本家照例应结算上年的工钱给工人，但却借口市场锡价猛跌，经营亏本，无钱发放工钱，有意拖欠。李鑫趁此组织罢工斗争，李鑫作为工人代表，向矿长提出了复工的3项条件：增加工资，按月发放；必须保证每天伙食有"老妈妈汤"（用黄豆磨制的汤）；发给每个工人1件羊披褂。经过5天的罢工斗争，矿长答应了3项条件，工人们也看到了自己的力量。正当李鑫不顾矿山对身体的损伤，准备组织工人们争取8小时工作制、改善劳动条件等政治性的罢工斗争时，他们的行动引起了锡务公司的注意，李鑫、戴德明、杨逢春3人暴露被捕。1929年5月，3人在蒙自被杀害。[①]随后，党在矿山的运动转入低潮，直到1935年红军过花札口，惩治了作恶的资本家，还在工人中广泛宣传革命，告诉工人只有团结起来，坚决斗争，才有出路。

工厂、矿山的反克扣、反虐待的工人运动，为工农群众争取了政治上和经济上的部分利益；而党员的宣传活动和英勇不屈的斗争精神，则广泛地传播了革命的种子，提高了工人的觉悟。

1940年，党派孙仲宇到个旧，进入了当时个旧的曙光日报社工作。他以此为据点，同时利用工作的便利，招了一批贫寒的学生到报馆工作，并对他们进行教育培养，以后又在革命知识青年中发展了苏子骏等人入党，党的队伍逐渐壮大了。后又有周天行等同志也来到个旧，党在个旧的活动又开始活跃起来。

1941年春，党组织在个旧成立了支部，党员达八九人。他们分布在机关、学校和工矿之中，各自在自己的工作岗位上开展工作。党员盛泽元在马拉格住下来后，广泛联系群众，组织工人对厂矿漠视工人安全等行为进行罢工等斗争。

抗战胜利后，为了迎接人民革命的胜利，从各方面打击和削弱敌人，1946年7月，在个旧成立了中国共产党滇南工委，广泛地展开发展组织与宣传教育工作，革命的队伍迅速扩大。1948年3月，个旧地下县委成立，张俊担任县委书记。1948年底，张俊走后，由苏子骏担任地下县委书记，

---

① 中共云南省委党史研究室、中共红河州委党史研究室、中共龙陵县委党史研究室：《中共云南组织创始人——李鑫》，云南民族出版社2008年版，第65－66页。

委员有田金铭、高云、代继光等。县委初建立时即进行了具体分工,张俊管城区工作,苏子骏等同志管工人运动及统战工作。到1948年底建立了矿区、城区区委,后又增加了大屯、卡房、新民等区委。与此同时,私人硐尖上也开始有了党员。到1949年,老厂锡矿和个旧机、选、炼厂皆有了党支部,个旧机、选、炼三厂的支部还包括马拉格锡矿和云锡公司的党员在内。

为了从各方面组织发动群众,党组织在工人中建立了"翻身会",并从外地转来了"民主青年联盟",在党的领导下展开各项工作,一方面为党输送了大批有觉悟的工人入党;另一方面自己的组织也在不断发展壮大。到1949年底,仅矿区的党员,翻身会员和民青组织会员达2000余人。[①]

第三节 个旧的解放与生产建设

一、矿山解放

(一) 解放之路

1949年12月9日,国民党云南省政府主席卢汉宣布起义,个旧专员公署也随之宣告起义。但云南仍有部分官员拥兵自恃等待观望,驻守云南的国民党第二十六军、第八军集中兵力向昆明反扑,一些拥有武装的地方实力派及土匪武装也妄图保存实力而纷纷活动。在此混乱局面下,中共个旧县委于12月12日号召各区党所掌握的武装迅速集中起来,赶到江外小土竜与第一中队汇齐。13日晚,个旧矿区、城区、农村等党掌握的主要武装力量齐集江外小土竜。县委书记苏子骏同志宣布,正式建立中国人民解放军滇桂黔边区纵队第十支队个旧护乡第八团,苏子骏任团长兼政委,副团长朱江,副政委罗中书,副政委杨实兼政治部主任。下设第一大队和第二大队,先建立的第一中队改为团部警卫队,随后又补充编制了第三大

[①] 中共个旧市委宣传部、云南大学历史系55级:《个旧锡矿史》,1959年,第97-98页。

队。护八团经过整编和整训，全团指战员总计730余人，工人占72%，农民及革命知识分子占28%。这支以矿工为主体的革命武装，为迎接个旧的解放而开始了战斗。①

在全国革命胜利形势的推动下和中国人民解放军挺进大西南的强大声威下，边纵十支队于1949年12月23日进驻个旧，建立了人民政权，解放了个旧，改编县政府保安营、城防大队、云锡股份公司厂警队为边纵十支队暂编第四团，收编地方实力派武装为人民保厂护乡团。但在1950年1月1日，溃逃的国民党第二十六军经过个旧城，将其占据。中共个旧县人民政府随边纵十支队护八团转移。二十六军盘踞个旧，大肆烧杀抢掠、破坏生产，人民热切期盼着解放。随后，解放大军扫荡了骚扰个旧的国民党军队，1950年1月17日，中国人民解放军第二野战军三十七师进入个旧城区。1月23日，撤离的中共个旧县委返回个旧办公。

（二）护厂斗争

卢汉宣布起义后，党组织研究了情况，认为在解放大军还未到来之前，保护工厂工作的开展十分必要，于是党组织决定武装护厂。云锡机、选、炼厂党支部决定由工友联谊会出面，去找吕冕南交涉，要他把公司库存的枪拿出来给工人，保护工厂，但遭到拒绝，连工人要用棍棒护厂的行动也被禁止。

老厂的工人也在党的领导下组织起来了，他们站岗放哨，共产党员、翻身会员、民青成员分为三人一组，分区划界，专人负责，防止敌人的破坏。当人民的游击队、护八团到个旧时，原县委书记、该团政治委员苏子骏同志在一次大会上号召全体工人"百倍地提高警惕，不要让工厂受到敌人的破坏"。护八团要离开矿山到江外去时，又给老厂工人们留下了许多手榴弹作为斗争的武器。

国民党第二十六军窜入个旧，使得矿山的护厂工作更加紧张。党组织发动工人和进步知识分子保厂护厂。吕冕南代表云锡股份公司与二十六军

---

① 中国人民政协会议红河哈尼族彝族自治州委员会文史资料委员会：《红河州文史资料选辑》第7辑《庆祝红河州三十年州庆纪念专辑 回顾红河地区的解放》，1987年，第55页。

副军长彭佐熙、师长叶植楠达成公司给军队 2 万银圆和 1 部收发报机，军队不进驻公司的协议，保护公司免遭破坏，护厂未发生流血战斗。1 月 16 日，吕冕南得知中国人民解放军进入蒙自后，下令紧闭公司办公楼南北大门，并派警卫队把守。次日，解放军追击二十六军到公司办公楼，吕冕南令打开北大门让解放军进入，从南大门出击围歼守敌，配合解放个旧城区。20 日，云锡股份公司恢复生产。[①]

（三）接管矿山

1950 年 3 月，军事代表王泽之代表人民政府接管了云锡公司，没收了官僚资产。云锡成立了"核资委员会"，充分发动工人群众，参加清点、对账和登记等工作。工人踊跃协助政府进行接管工作，如在老厂接收清点工作中，光选厂一个部门就有几十人参加工作队。为了保护矿山，他们组织了工人纠察队，日夜守卫在机器旁。又如个旧炼厂，工人热情地参与了接收清点工作，全厂不到 200 个工人，就有 100 多个工人在军事代表的领导下组成了"成品锡组""半成品锡组""机械装备组"……几个接管清点小组，配合军事代表边清点边核算，很顺利地完成了接收工作。马拉格工人仅参加核资办公室的就有几十人，全矿工人协助完成了具体清点接收工作。

二、恢复、发展与改造

（一）镇压反革命与"三反""五反"运动

在接管厂矿以后，个旧进行了镇压反革命和"三反""五反"运动，开展了民主改革。为了清除暗藏在厂矿的反革命分子，党派出的工作队，结合镇反运动，向群众广泛宣传，进行提高群众政治警惕性的教育，宣传镇压反革命分子对于保卫革命胜利果实、保卫人民民主专政的重大意义，发动群众坚决与反革命分子斗争，捕获了一批公开的明显的反革命分子。对反革命分子的镇压，严厉地打击了封建反动势力的嚣张气焰，初步发动

---

① 个旧市志编纂委员会：《个旧市志（下）》，云南人民出版社 1998 年版，第 1544 页。

了群众，推进了民主改革的开展。同时，还清除了封建把头和其他封建残余势力，树立了工人在企业中的主人翁地位，实现了企业管理民主化。

为了保护国家财产不被盗窃，保护干部不受资产阶级思想的侵蚀，打退资产阶级的猖狂进攻，为增产节约扫清道路，1952年1月，个旧展开了反贪污、反浪费、反官僚主义的"三反"运动。在动员报告、学习文件、充分讨论、广泛发动群众的基础上，展开了群众性的检举运动，公司及各厂矿还由干部和工人组织成立了打虎队，作为突击力量；之后，对发现的问题进行核实定案，追赃退赃；最后就清除资产阶级思想，树立工人阶级思想，普遍交代，结合鉴定，进行思想建设。

全体职工通过"三反"运动，受到深刻的教育，认识到盗窃国家财富、贪污受贿的行为，都要受到严厉的法律制裁。这不仅打退了资产阶级的猖狂进攻，而且还锻炼了大批的工人，调整了一些不合理的制度与机构，把那些品质恶劣的贪污分子从领导工作岗位上撤下来，提拔了一批运动中经过锻炼的工人积极分子参加企业管理工作，体现了工人当家做主的原则。

1952年2月，在市节约检查委员会领导下，结合"三反"运动，个旧市委成立了"五反"工作队，采取逐步开展、稳步前进的方针，在全市展开反行贿、反偷税漏税、反偷工减料、反盗窃国家财产、反盗窃国家经济情报的"五反"运动。4月、5月，"五反"工作委员会集中全力搞市区工商业资本家和私矿的"五反"斗争。待市区"五反"进入尾声，"五反"工作委员会便腾出力量组织4个矿区工作队深入矿山。在"五反"、生产两不误的方针下，于6月6日正式开始对矿区展开全面深入的"五反"运动。经过学习文件，宣讲政策，召开职工代表大会，举办职员训练班等，"五反"工作委员会在工人阶级觉悟不断提高的同时，展开检举活动；厂商和炉号也组织起来学习，"五反"工作委员会反复交代政策，号召坦白检举，立功赎罪。

"五反"运动追回了被不法资本家盗窃的国家财富，教育了干部，进一步摸清了私矿的生产组织管理情况，集体合同得以执行，削弱了不利于国计民生的熔锡业（炉号），推进了国家对私营锡业的改造，巩固了市委对国营经济的领导。

(二) 生产的恢复与发展

个旧解放前的矿山，由于帝国主义、封建主义、官僚资本主义的垄断与掠夺，生产日益衰落，在官僚资本的侵吞之下，私矿十有八九已崩溃。到 1949 年，个旧的锡矿生产已处于崩溃境地。国民党第二十六军窜入个旧后，乱抓兵丁，工人们被迫躲藏，生产全部停顿。

刚刚解放的个旧局面混乱，困难重重。首先是粮食不足，加之奸商乘机捣乱，党一方面动员号召工人克服困难，组织和恢复生产，以渡过难关；另一方面又大力组织人力至各处购运粮食，分发给各厂矿，解决工人的吃饭问题，使职工的基本生活得到保障，安定了职工情绪。为了恢复正常生产，改变生产水平低落的状况，党一次又一次地进行动员，号召工人们以主人翁的劳动态度，克服困难，提高生产。各厂矿工人以实际行动响应了党的号召，每年都完成了国家交给的任务，但是在生产管理及技术操作上都还显得混乱和不统一。

1952 年冬，个旧进行了生产改革运动。这一运动是在各项政治运动之后，个锡职工的政治觉悟有所提高的基础上，深入开展爱国主义增产节约竞赛，以创造新定额运动来进行的。这一运动发动职工进一步发挥劳动智慧，通过新定额运动改革不合理的生产过程和生产方法，反对落后保守思想，学习先进经验，把生产定额提高到新的水平。

党通过生产改革及查定工作，摸清了家底，逐步建立起了一系列新的制度，如技术分工责任制、交接班制、定期检修制、技术保安制等。同时也树立了"安全为了生产，生产必须安全"的观念，干部开始深入车间，工人同志开动脑筋，充分发挥设备利用能力，创造了一系列的新的定额。根据这些新定额，党摸清了各厂矿生产的底子，于是制订出更切合实际的国家生产计划，使生产符合社会主义经济规律，更好地走上计划经济的轨道。

三、"一五"计划中的矿山

从 1953 年起，锡都也和祖国其他地区一样，进入了第一个五年计划的建设时期。其中，云锡成为中苏合作的 156 个重工业项目之一。为贯彻党在过渡时期的总路线和总任务，根据发挥中央和地方两个积极性的方针，地方国民经济计划一方面开展地质勘探，保证中央和省属企业重点建设，老屯索道、个旧湖、冶炼厂和一批采选工程建成投产；另一方面对地方私营工商业、职工、物资等进行普查，为经济计划弄清情况。1956年，基本完成了对资本主义工商业的社会主义改造。

（一）地质勘探

1954年7月，个旧市第一次人民代表大会召开，确定全市今后的任务是把地质勘探工作放在首要地位，并抓紧繁重的基建生产任务。

早在1941年，云南锡业股份有限公司（以下简称云锡公司）就设有探矿处，由工程师熊秉信任工务课长，开始了个旧的矿山地质工作。1947—1949年，云南锡业股份有限公司根据地质找矿需要，在征得公司总工程师倪桐材的同意后，先后从美国购进钻机5台，依据新厂锡矿（今马拉格锡矿）矿体产状及形态特点设计探矿和采矿。1952年底，云南锡业公司成立了地质处；1953年，开始由西南地质调查所224勘探队进行勘探；1955年，云南锡业公司在生产技术处设地质科，老厂、马拉格、松树脚3个生产矿山设地测科（股）；1956年9月，成立地质测量处；1961年，撤销地测处，生产地质科并入矿山处；1966年，各矿山组建专业探矿施工队，在生产矿区进行储量升级和地质找矿，并在矿床开采、工程施工、质量验收、资源保护利用中进行指导、监督。[①] 同时，从1958年开始，各矿山先后成立了地质综合科研组，开展成矿规律、物质组分等研究工作，在较短时间内探明了3.5亿吨砂锡矿资源储量，含锡75万吨；还探明了一批浅、近、易、富的脉锡氧化矿资源储量，为云锡的发展准备了资源条件。

1953年前后，只有在苏联专家的直接指导下，才能进行一系列正规的地质勘探工作。很快地，在苏联专家的帮助指导下，经全体地质勘探人员的积极努力，掌握了一整套从设计、施工、化验、编录直到提出正规储量报告的科学技术本领，培养了一批技术工人和技术干部，在地质、测验以至施工各部门中都采用了许多新的设备和新的技术及操作方法，推广了许

---

① 《云南省志·冶金工业志》编纂委员会：《云南省志》卷二十六《冶金工业志》，云南人民出版社1995年版，第96页。

多先进经验。由于技术水平的不断提高,劳动生产率也随之不断上升。在苏联专家的帮助下,地质勘探人员对个旧矿体生成有了正确的认识。苏联专家对探矿必须正规地从头做起的建议,带来了个旧探矿史上的根本转变。

(二)基本建设的开展

在基本建设中,云南锡业股份有限公司做到了把当前利益和长远利益相结合,贯彻了大型企业和中小企业同时并举的方针,充分地考虑到矿藏资源、水源、燃料、交通等条件,围绕着已经有的老厂、马拉格、松树脚三个矿区进行了扩建和新建。其中,建设的项目主要有新建、迁建、扩建大屯和新冠两个大的选矿厂,最长的运输工程——老屯索道,一座现代化的新冶炼厂和个旧人工湖,马拉格锡矿陷落区等。

1. 大屯选厂和老屯索道的建立

老厂锡矿区位于高山大岭中,水源稀少,交通不便,能够行驶车辆的只有一条蜿蜒通达市区的公路。个旧解放前,只有一处老溜口土法洗选厂,处理量小,大部分的矿靠人背马驮到个旧选厂处理。个旧解放以来,改造了老溜口,并新建了一个溜口。随着老厂锡矿产矿量的不断增加,该矿选厂急需扩大,但因水源缺少,不宜建立大型的现代化选矿厂。而大屯海则可以提供水源,因此在大屯建立选矿厂最为适宜。但大屯和提供原矿的老厂锡矿相隔数十华里,为了把老厂采出来的矿以最快的速度运到大屯,便在修建大屯选厂的同时,在大屯与老厂之间修建了一条索道。

大屯选厂于1952年10月开工建设,建设过程中,运输是一件比较困难的事,大屯镇的农民不但参加了挖土方的工作,还担负了运输工作。为了支援工业建设,大屯镇的农民在当地政府的领导下,把一部分农业生产上的牛车和驮马组织起来成立一个运输队。由于参加大屯选厂建设工人的忘我劳动和苏联专家的帮助,大屯选厂第一栋工程于1953年9月中旬完工,1953年底选厂的全部工程完工。大屯选厂是云锡第一座机械化选矿厂,从运矿、矿、分级、摇床直到回水池,都是机械化或半自动化的。

1951年,云南锡业股份公司李凤桐、倪桐材、毛达庸等人负责设计老屯索道。通过观察、研究德国公司修建的马拉格索道,凭借扎实的机械传动和工程力学功底,大胆地设计了长达15.73千米、垂直高差886.18米的老屯索道。1952年1月,老屯索道动工修建。在修建索道中,工人攻克了重重难关,于1953年9月中完工,9月15日试车,12月20日正式移交生产。该索道为双线循环式螺旋抱索器索道,共设3个传动区段,采用夹钳式双槽驱动机,工艺、机械设备制造、土建、安装工程全部由云南锡业股份有限公司自行完成。老屯索道是新中国成立以后中国人第一次完整地设计、建设的第一条双线循环式架空索道。它不仅解决了锡矿开采运输难题,而且开我国自行设计、建造双线循环式货运索道之先河,为创建中国现代索道提供了有益的经验。[①]

2. 新炼厂和个旧人工湖的建设

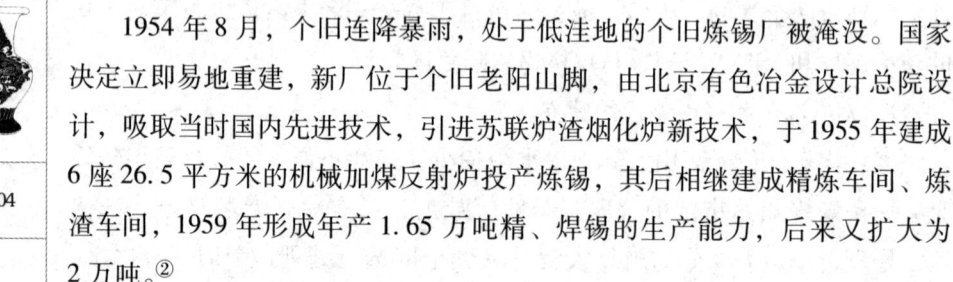

1954年8月,个旧连降暴雨,处于低洼地的个旧炼锡厂被淹没。国家决定立即易地重建,新厂位于个旧老阳山脚,由北京有色冶金设计总院设计,吸取当时国内先进技术,引进苏联炉渣烟化炉新技术,于1955年建成6座26.5平方米的机械加煤反射炉投产炼锡,其后相继建成精炼车间、炼渣车间,1959年形成年产1.65万吨精、焊锡的生产能力,后来又扩大为2万吨。[②]

老厂厂址则围堤造湖,即今之个旧金湖。个旧湖堤坝工程在落水洞前,临时防洪坝后;坝形为棱柱体形,全长400米,顶宽原设计为7米,后改为4米,坝顶海拔标高为1686米,蓄水量最高水位为海拔标高1681米至1685米。1955年5月11日开始施工,8月7日开始边施工、边蓄水,9月堤坝工程竣工验收。[③]

作为防洪治本工程的个旧湖,其堤坝由云南锡业公司负责,由中央投资,经过地质勘探设计,由第十四冶金建筑总公司第一工程公司组织施工,并成立了个旧湖堤坝工程指挥部,由陈军、罗彬儒、谭承文3人组成,指挥部设在红炮台。为了确保进度,除了第一工程公司的人力、物力外,

---

[①] 中国索道协会:《中国索道史》,煤炭工业出版社2016年版,第62页。
[②] 红河哈尼族彝族自治州志编纂委员会:《红河哈尼族彝族自治州志(第三卷)》,生活·读书·新知三联书店1997年版,第42页。
[③] 中国人民政治协商会议云南省个旧市委员会文史资料研究委员会:《个旧市文史资料选辑(第八辑)》,1988年,第109页。

个旧市、各县招收了 1000 余名临时工，还由昆明接收复退军人 1500 多人参加建设。6000 多人的施工现场，处处是临时帐篷，工地上形成多路人行道、车行道、有轨小矿车道，有推土机、压路机等，人山人海，热火朝天，显得十分紧张繁忙。由于施工面狭小，施工人众多，因此，人员和机械施工分为每天 3 班昼夜作业，每班 1000 余人，最多时每班 2000 余人。①

建成后的个旧湖湖面为 0.8 平方千米，蓄水量为 500 万立方米。个旧市委、市政府根据个旧盛产金属，湖水来之不易，而个旧建设正处于金色年华，故取名为金湖，但多数市民还是习惯称其为"个旧湖"。

3. 马拉格锡矿陷落区的迁建

个旧解放前，资本家开采矿产一味追求富矿和产量，毫无规划，使得云锡矿矿山矿道纵横，加之开采年代久远，空塘与采空区较多，部分矿山的地面建筑与设施建在采空区上，形成隐患。1935 年，马拉格锡矿办公室发生陷落。1941 年，办公室附近的马拉格索道起点站向东北方向移 50 米。1953 年，办公室陷落旧址又下陷 2 米，索道站北面约 30 米处的小山头已开裂多年，材料库发生裂缝，整个陷落区呈西北至东南走向，部分陷落深度达 10 米以上，东南端宽约 28 米，西北端宽达 80 余米。马拉格锡矿工业设施多数集中于竖井口，靠近陷落区，矿部决定停止出矿，集中充填采空区。1954 年，井口西边压风机房西墙又出现裂缝。1955 年 4 月，云锡公司上报搬迁方案，对开采深度未达矿体厚度 80 倍的 4 号、23 号矿体采空区，按移动 65°~70°圈定陷落区范围，陷落区内的索道起点站及工业设施全部迁建于大凹塘平坑口处。1955 年 8 月 1 日，重工业部批准马拉格锡矿迁建工程；1957 年，工程竣工投产，总投资 609 万元。迁建项目有生产及服务性设施，职工住宅，生产和生活所需的供电、供水、盐井等。② 马拉格陷落区的迁建保障了国家财产和人民生命的安全。

4. 新冠采选厂的建设

1954 年，云锡公司根据五〇一地质队初步勘探牛屎坡矿体获取的地质储量，提出了建设新冠采选厂的计划，报重工业部审批。1955 年 1 月，北

---

① 中国人民政治协商会议云南省个旧市委员会文史资料研究委员会：《个旧市文史资料选辑（第八辑）》，1988 年，第 110 页

② 《云锡志》编纂委员会：《云锡志》，云南人民出版社 1992 年版，第 764 页。

京冶金设计总院完成了初步设计，采选规模 3000 吨/日。同年 10 月 22 日，鉴于牛屎坡矿区获得超过技术设计依据的矿量，重工业部批示该厂设计规模扩大到 6000 吨/日，以满足国家对锡的需要。1956 年 8 月，新冠采选厂工程开始建设。1958 年 10 月 1 日建成，交付生产使用。1959 年又在 6000 吨/日规模的基础上，新建 1000 吨/日的扩建工程，于该年 10 月开工，1960 年 12 月投产。新冠采选厂设计采用水力采运新技术，为云锡公司锡矿采选厂中生产能力最大的厂，是中国自行设计建设的大型砂锡矿采选厂，1958 年建成后被称为"东南亚第一流砂锡重力采选厂"。该厂经过几次扩建和技术改造，不仅为满足国家对锡的急切需要做出了贡献，而且其细粒锡石回收率还跃入世界先进水平。但由于群采和掠夺式私挖滥采的影响，矿产资源提前枯竭。1998 年 3 月 1 日，新冠采选厂被迫撤销。①

（三）交通运输条件的改善

个旧的交通运输业伴随着矿业开发而历时久远，但长期以来发展缓慢。清光绪十四年（1888 年）以前，进出境物资全靠人背马驮。之后斗姆阁至红河蔓耗、白沙冲至大屯海水陆联运相继开通，交通运输有了发展。其间具有悠久航运史的红河蔓耗码头在光绪十五年（1889 年）成为清政府蒙自海关分关，至滇越铁路通车前是个旧锡出越南经香港转销国际市场的唯一水上运输线，而且成为云南对外贸易的重要口岸和滇南水陆联运集散地。1921 年，民营个（旧）碧（色寨）寸轨铁路建成通车，驿运和水运大部分被取代，个旧开始进入以铁路运输为主的时期。由于个旧多山岭，公路建设起步较晚，1933 年始筑公路。1940 年开（远）个（旧）公路通车，但路况差，运量小。

个旧矿区多数位于城区东南部，少数在西部，山高坡陡，采矿点星罗棋布。随着矿业开发的需要，个旧逐渐形成由城区通往矿山的驮马道路 5 条，通往省城和邻县的古道 6 条。这些古道历史悠远，不仅对各民族交往交流交融、矿业开发、商品流通起过重要作用，也为铁路、公路的兴建奠定了基础。个旧解放后，党和政府根据个旧地理环境的特点着重发展公路建设。个旧除了有通往昆明、河口、建水、石屏、蒙自、开远的米轨和

---

① 云南锡业集团（控股）有限责任公司：《云南锡博物馆》，2007 年，第 124 页。

少部分寸轨铁道，还有市北向南穿境而过的个（旧）金（平）公路，形成与开远、弥勒、泸西、昆明、蒙自、河口、建水、石屏、元阳、绿春、金平等县（市）相衔接的主干线，市内公路则可通往市辖各区、厂矿和大部分的乡、村。至1960年，个旧公路运输量已超过铁路。

（四）对私改造

个旧解放前，私矿的年产量一直在个旧锡矿生产总量中占有很大比重。随着帝国主义买办对大锡的掠夺和官僚买办对大锡生产的控制，私矿的生产发展很不稳定，甚至在抗战胜利后一度面临崩溃。

个旧解放后，作为重要的战略物资，国家在大力发展国营锡矿的同时，也扶持私矿的生产。1950—1952年国民经济恢复时期，各级政府认真贯彻"凡有利于国计民生的私人企业，人民政府鼓励其经营的积极性并扶持其发展"的政策，对部分生产经营确有困难的企业，通过银行发放贷款等积极组织其恢复和经营。在整个经济的恢复和发展中，社会主义经济和私营经济都有了发展。

1951年，国家要求生产锡5000吨。个旧市委、市政府提出"4万人上矿山，10人年产1吨锡"的号召，实施了有利于生产的新举措：一是提高大锡价格；二是在一年内向2274户私矿贷款，金额折合大锡约1100吨；三是组织物资供应矿山，解决矿山长期缺水等问题。这些举措使私矿大锡生产迅速恢复和发展起来。1950年私矿厂商1200户，工人8000余人；1951年初厂商增至3195户，工人28656人；1951年底又增至3362户（其中硐商2126户、草皮商735户），工人达29252人。大锡生产1950年为2400吨，1951年达3507吨，1952年达4933吨，1953年为4595吨。

1952年初，针对一些私营工商业投机违法活动，红河地区在工商界开展"五反"运动。按照有关政策规定，对极少数破坏国家经济建设、有严重违法犯罪的分子进行了打击，对有一般违法行为的私营工商业者进行退财补税处理，广大私营工商业者受到了一次深刻的爱国守法教育。在当地人民政府的教育引导下，也有少数私营工商业者率先走上了公私合营的道路。如1952年11月，在个旧市工商界有影响的李振泽、梁鼎亨、杨兴斋、高翔等4户私营锡矿，首批进入公私合营"红星锡矿"。

1953年开始,政府通过认真贯彻党在过渡时期的总路线,实行发展国营企业,对资本主义工商业进行"利用、限制、改造"的方针,后又实行"四马分肥"的分配原则。在此情况下,凡原来经营统购统销商品的私营商户,绝大部分为国营商业和供销合作社经销代销,少数组成了合作商店(组)。

随着国营锡矿生产的发展,私矿已不适应生产的发展,大锡产量下降。个旧市委、市政府及时提出"组织起来,不要单干,搞好经营,安全生产"的号召,先后组织了小生产联合会,将一些小生产者组织起来,以三五人为一小组,共组织2184个生产小组,人员8736人,这些小组逐渐扩大。从1954年开始至1955年,先后又批准18户大中型厂商参加公私合营,对后来的私矿合营起了示范作用。

1955年底1956年初,随着全国对私营工商业社会主义改造高潮的到来,私人锡矿的改造进入了一个新的阶段。红河州全面开展了对私营工商业实行全行业公私合营的社会主义改造工作,经过宣传动员、申请合营、合作,清产核资,经济改组等4个阶段,并按照各行业的不同情况,采取公私合营、合作商店(小组)、经销代销、直接过渡等多种形式。改造初私矿共有130多户,从业人员2286人,其中职工2092人,资金1485104元,1955年产值为5215000元。紧接着将130多户私矿合并为21户,将861个锡矿小生产组合并为37个大组。全行业公私合营时,至1956年底,个旧私矿134户,从业人员2958人,全部改造成为团结、建设、新倡3个公私合营锡矿。

个旧私矿的社会主义改造政策和步骤主要是:

1. 清产核资

组织由工作队、私方、工人代表三结合的清产核资小组,先由私方"自填、自估、自报",再经过核资小组评议决定。按照国务院关于私营企业实行公私合营的时候对财产清理估价几个主要问题的规定,结合个旧实际,在具体处理中:

矿产资源属国家所有,不予估价;对伙房(指资本家库房及工人住的茅草房)、溜口(洗选地方)设备,按新旧程度折价;对工具、生产经营用具,按国营商业部门的牌价及新旧程度折价;全新未用的、无牌价的,如骡马按市价进行估价；精矿（成品）参照国家收购价计算，半成品和原𰋲按含量适当折价。

原企业的公积金转为私股投入企业，如公私双方有股份的，分别公私股投入企业；企业的债权债务，根据宽和的精神并以1955年11月1日前后为政策界限，结合不同情况尽速做了处理。对1955年11月1日以前，属于账务混乱不清的，清产中如实计算，确因生活困难或生老病死拉用资金而又无力偿还的，一笔勾销；对大吃大喝的能还则还，不能还的也从宽了结。对11月1日以后抽逃资金的则尽力追回，实无力交回者，由其检讨承认错误后，也免了一部分，其余作为减少投资。

对所欠外债，一般由本人自理。欠工人工资，在合营前予以归还，或合营后由劳资双方协商解决，或转由企业代付，减少本人投资。工人欠私营企业的款，由劳资双方协商处理。

关于对公债务的处理，根据中央对清产核资遗留问题，债权债务采取"宽"和"了"的精神进行处理。全市对公债务有欠或担保个旧解放前人企贷款、1951年和1952年大锡贷款、欠税、欠"五反"补退款等共58户（分不清锡矿业是多少，但锡矿业占绝大多数），金额48.9万元，其中从宽处理（给予全部了结的）42户，金额41.6万元，减少或部分减少转为公股的16户，金额7.26万元。

在合营高潮中投入的账外资金，不论黄金、白银、半开、家具什物和个人购买的公债全部退还本人。

2. 定息问题

根据中央指示和国务院的有关规定，私营锡矿参加合营后，企业不分大小、盈亏，统一定为年息5厘，并从1956年1月1日起计发，锡矿业在1月份私私并厂中已分过盈利，故从2月1日起计息。

3. 人事安排

全行业公私合营之后，为了保证党对合营企业的领导，个旧市委抽调了一批干部到合营企业担任领导职务，如三区老厂从领导到一般干部基本上都调到建设矿担任领导或作为一般干部。

对资产阶级实职人员，本着中央对私方人员采取"包下来"和"量才录用"的方针，进行了妥善安排。人事安排工作，市委私改办公室下设组织组，专门负责私方人员的人事安排。在安排中，根据各区原私矿工作队掌握的私方情况，根据私方人员在个旧解放后的政治表现、技术专长及代表性提出安排名单，再与市工商联领导进行协商后报市委领导研究决定，对个别不当的又进行调整安排。计安排为市矿业局副局长1人（李振泽），副矿长3人（张瑞丰、李世忠、张鼎享），正、副工区长6人（杨尚廉、高慕先、刘焕烈、伙国福、李春才、周保谷），值班长数名，一般干部30人（包括工务、总务、安技），有劳动力的则直接安排到生产上。另外，为了妥善安排一些既有一定代表性，但又丧失工作和劳动能力的人员，1956年8月23日成立矿业董事会，安排了14人。①

四、整风与"大跃进"

1957年8月至1958年8月前后的整风运动，涉及工矿企业、党政机关、人民军队等各个领域。1957年5月，个旧市委贯彻中共中央《关于整风运动的指示》，发动党内外群众向党员领导干部提批评建议，开展整风运动。6月，根据中央反击右派分子猖狂进攻的指示，转入反右派斗争。反右派斗争首先在市级机关、知识界和民主党派中开展。1958年1—3月，开展反对浪费和反对官僚主义的"双反"运动；4—6月，在全市范围内开展反右派斗争。斗争中由于采取了一些不恰当的方法，混淆了不同性质的矛盾，严重扩大了打击面。②

这次整风运动虽然对改进干部作风、促进生产发展起了一定的积极作用，但也有着不可低估的消极影响，如对错误发动"大跃进"运动起了推波助澜的作用。

1958年中共中央提出"鼓足干劲，力争上游，多快好省地建设社会主义"的总路线。1月22日，全市职工代表会议召开，号召"总动员，大进军，个旧大锡产量五年超英国"。3—4月间，制定的"二五"规划要求老厂翻一番，投资一顶三，速度快一倍，五年达到年产锡4万吨，年产钢30

---

① 中共云南省委统战部、中共云南省委党史研究室：《中国资本主义工商业的社会主义改造（云南卷）》，中共党史出版社1993年版，第242–249页。
② 个旧市志编纂委员会：《个旧市志（下）》，云南人民出版社1998年版，第985页。

万吨、钢材17万吨,地方工业产值翻10倍等。同时,个旧市委组织了第一次工业"大跃进",但遇到原材料奇缺、机械设备无法购置等问题。6月中旬中共云南省委发出"火速发展钢铁工业"的指示,中共个旧市委在云锡古山选厂召开炼铁现场会,决定各厂矿在25天内建成炼铁炉。7月,中共个旧市委提出"大锡、钢铁、多种金属并驾齐驱,冶金、机械、化学工业同时并举"的方针,组织以冶金、机械为主的第二次工业"大跃进"高潮,展开几十个"卫星"工厂的建设。8月,在江水地和鸡街分别兴建"大九五四""小九五四"钢铁厂。9月,根据中央和省委指示,个旧掀起全民大炼钢铁的群众运动。按照"先土后洋,土洋结合,大中小结合"的方针,到年底共建土炉7808个、4立方米小高炉11座、13立方米小高炉42座、炼钢转炉9座,先后放了2次炼钢铁"卫星"。但最终生产的钢铁杂质过多,不能成材。1959年初,根据中央"缩短战线,保证重点,集中力量打歼灭战"的方针,土法炼铁全部停止。①

1959年,在"保卫总路线,反对右倾机会主义"的推动下,提出"五年计划三年完成"的口号,把1959年作为"特大跃进年",继续组织工农业"大跃进"。同时,还组织了除"四害"、扫盲等运动。

"大跃进"期间,由于有"一五"计划打下的物质技术基础,生产发展较快。广大职工在"苦战三年,改变面貌"的鼓舞下,发扬艰苦奋斗精神,努力进行生产建设,取得了较大成绩。1958年,我国自行设计建设的新冠采选厂建成投产,同时改建、扩建了卡房、期北山2座采选厂;露天砂锡矿实现了高效率、低消耗的水采水运;坑内脉锡矿的开拓运输系统、采矿方法也都进行了大规模的改造,由单一的方框支柱充填法发展为多种采矿法并用,提高了坑内的出矿能力。

但是全国性的"左"倾错误也影响了云锡公司领导层的决策思想,以致在工作中出现了许多失误。首先是强调"以钢为纲",公司投入了大量的人力、物力、财力,建起了大九五四钢铁厂,各厂矿炼铁小高炉遍地开花,在一定程度上削弱了对锡业生产的领导、管理。其次是高指标,破坏

---

① 个旧市志编纂委员会:《个旧市志(下)》,云南人民出版社1998年版,第986页。

了生产的综合平衡，提出了到1962年完成"投资2亿内，产锡4万吨"的生产建设目标。在锡业生产中，为了夺高产放"卫星"和"超英赶美"，只顾采高品位矿石，乱挖乱采，盲目扩大处理量，造成了采、选、冶之间，基建与生产之间的不平衡状况。再次是基础建设的摊子铺得过大，加之仓促上马，如田心采选厂、白洗冲采选厂等部分工程的建设未按照基建程序施工，缺乏可行性研究，造成浪费。最后是生产中出现强迫命令，瞎指挥的做法，挫伤了群众的生产积极性。①

---

① 《云锡志》编纂委员会：《云锡志》，云南人民出版社1992年版，第186页。

第五章　工矿史成果之东川

1958年底1959年初，云南大学历史系1956级师生为了贯彻党的教育方针，到东川矿区一边学习一边劳动，其间搜集整理并编写了东川的工矿史，目前搜集到《东川铜矿史》《矿工回忆录》《矿工诗歌选》。东川题材虽分别属于历史、回忆录和诗歌，但内容涉及的主题则大体一致，东川解放前的部分关注各个时期铜矿的生产情况、矿工的悲惨遭遇与反抗，东川解放后的部分则是记述党领导下的矿山新面貌、新发展。

到东川后，历史系1956级师生在中共东川市委的领导下，和中共东川市委宣传部联合组织了东川铜矿史编辑委员会，并在中共东川市委的关怀指导、矿区各级领导、广大工人和工程技术人员的热情支持下，编写出了《东川铜矿史》一书，并于1961年由云南人民出版社出版。该书介绍了东川铜矿的历史，全书7万多字，正文中附有手绘彩色插图9幅，内容共4章：第一章"千百年往事"简要回顾了东川铜的开采历史，第二章"三十八年的黑暗统治"叙述了民国时期东川铜矿的开采生产状况，第三章"太阳照亮了矿山"记叙了东川的解放，第四章"第一个光辉的五年"则聚焦"一五"计划中东川铜矿的生产建设。

《矿工回忆录》亦是在东川市委领导下，由工人同志口述，历史系1956级师生记录整理、编写成书，内部印刷。全书内容共三部分，第一部分记载了工人们在旧社会的悲惨遭遇，第二、三部分记载了1949年在党的领导下东川解放，工人阶级摆脱了剥削压迫，并以豪迈薄发之气开展生产建设，为共产主义而战斗。该书为东川汤丹、因民等地的众多工人的亲身经历，对无情的旧社会进行了控诉，因而是一部血泪史；工人阶级并没有屈服在帝国主义、封建主义、官僚资本主义的残酷剥削压迫下，相反，还进行了各种各样的英勇顽强的斗争，因此，这也是一部激昂的阶级斗争史；在东川解放后，工人们奋勇当先，参加生产建设，因此，这也是一部承载了工人们为美好未来而努力的奋斗史。

《矿工诗歌选》亦是由历史系 1956 级师生整理而成，全书 3 万多字，以感谢毛主席、感谢党和歌颂东川解放后共产党领导工人们开展生产建设为主题。

第一节　民国以前东川铜矿的开采

一、东川概况

东川地处云南东北部，昆明市最北端，东邻会泽县，西接禄劝县，南与寻甸接壤，北界金沙江，与四川省会东县隔江相望，总面积为 1858.79 平方千米。矿业经济是东川的支柱产业，具有比较优势的矿种主要有铜、磷、铁、黄金、铅锌、汉白玉和石灰石。古代，东川铜矿地域分布较宽，包括现今巧家、会泽、东川域内的矿山铜厂。

古代的东川疆域几乎一直包括现在的会泽县和巧家县范围甚至更广。西汉建元六年（前 135 年），在今东川一带设堂琅县；南诏蒙世隆年间设东川郡，辖今天的巧家、会泽、东川和四川省会东县沿金沙江部分，东川之名始于此；大理国时期段氏置东川大都督；元至元二十八年（1291 年）设东川路，属云南行省；明洪武十五年（1382 年）改为东川府，属云南布政司，洪武十七年改为军民府，改属四川布政司道；清为东川府，雍正四年（1726 年）划归云南，置会泽县为府治。民国二年（1913 年），废府改为东川县。东川的汤丹、因民、落雪、乌龙、法者等地划属巧家县向化里，集义、碧谷、拖布卡等地划属东川县义江区。民国八年（1919 年），改回会泽县。1949 年 6 月 26 日，中国人民解放军滇桂黔边区纵队解放东川全境，成立会（泽）、巧（家）边区解放委员会，同年 11 月改称会巧边区行政委员会，1950 年 4 月撤销行政委员会，改设会泽县第五区（新村区）和第七区（拖布卡区），属昭通专区会泽县的一部分。1954 年，国家为开发东川铜矿，把会泽所属的汤丹、因民、舍块等 14 个乡划出，单独成立了东川矿区人民政府，直属云南省政府领导，矿区政府驻地汤丹。1958 年，在东川矿区人民政府的基础上，将会泽县并入，成立省辖地级市，辖 6 个区。1964 年 12 月，会泽县划属曲靖地区。1999 年 2 月，云南省报经国务院批准撤销地级东川市，设立县级东川区划归昆明市，辖区不变。2000年，东川区辖4个镇、10个乡。几经更迭，至2011年4月，东川辖1个办事处、6个镇、1个乡。

东川区的气候属亚热带、温带交叠型，气温随矿区海拔高差呈立体性变化，峡谷地区的新村、牛厂坪最高气温41℃，最低气温-1.8℃，平均气温20.2℃；汤丹、因民最高气温31.4℃，最低气温-9.7℃，平均气温13.1℃；落雪、滥泥坪最高气温23℃，最低气温-16℃，平均气温7.1℃。高山区冬季结冰，有时春末夏初还下雪。矿区降雨基本上集中在6—9月，以7—8月为最多；主导风向为南北风，一般1—4月为风季。

矿区主要地形特征是阿尔卑斯型的中高山，全矿区被众多呈南北向和东西向的"V"形山谷所切割。峡谷与高山之间地势陡峭。金沙江与因民平距5千米，高差达1700米；小江与汤丹平距4千米，高差1260米，民间有"隔沟喊得应，见面走一天"之说。整个矿区平地极少，多为坡地，坡度一般30°~40°。

东川铜矿位于地震活跃的小江断裂带，加之地形复杂，气候多变，植被覆盖率极低，水土流失严重，自然灾害十分频繁。矿区主要自然灾害有泥石流、地震、崩塌、滑坡、洪水、滚石、暴风、冰雪等。

东川铜矿在地质结构格架上，属中国华夏大地构造单元上的康滇地轴的一部分，称为"东川块状隆起"。地层由元古界昆阳群地层、震旦系地层和少量的古生界、第四纪地层及火山质碎屑岩等所组成，元古界地层序列的总厚度约1.19万~1.75万米，含铜矿层呈"之"字形分布在矿区内。

关于东川铜矿床的成因，地质学界的看法尚未完全统一，曾有"汽成矿床""中温热液至浅成热液矿床""沉积—变质矿床"之说。东川矿务局的地质工作者经野外观察、镜下鉴定和理论研究，认为东川铜矿床的成因应是多源、多因、层控、复成的"东川式矿床"。

铜矿石中含有铁、矽、镁、锰、铝、铅、铬、镉、银、钒、钡、钙、锡、镍、砷、钴、磷等元素。铜矿又分硫化铜矿物和氧化铜矿物两类，硫化铜矿物主要是斑铜矿、辉铜矿、黄铜矿，其次是黝砷铜矿。氧化铜矿物主要是孔雀石、黑铜矿、赤铜矿，其次是砂孔雀石、蓝铜矿和自然铜。脉石主要为石英、方解石、白云石，其次是文石和黄铁矿。除铜矿物和含量不等的多种金属元素外,还有煤、磷、石膏、硫黄、硝酸钾和食盐等非金属矿产资源。①

二、东川铜矿开采历史概况

根据史书的记载,在两千多年前的汉代,云南就已经发现了铜。《汉书·地理志》载俞元县怀山、来唯县从蚳山出铜②,《后汉书·郡国志》亦记俞元装山出铜。③ 俞元即今澄江、江川一带。东川铜矿在东汉已经开始开采生产。至公元4世纪,东川已能生产白铜,东晋常璩《华阳国志·南中志》记载:"堂螂县,因山名也。出银、铅、白铜、杂药。"④ 这是我国关于白铜的最早纪录。我国是最早生产和使用白铜的国家,东川铜矿当推有文字可考的世界最早白铜产区。近代以来,在国内陆续发现堂狼铸造的汉洗,云南昭通出土文物中的铜洗底部铸有"建初元年堂狼造"铭文,堂狼洗以建初八年(83年)的年代较早,建宁四年(171年)的年代较晚。⑤ 这些铜器的特点是铜质坚厚,色泽美丽,字画优美,结构整齐。据考证,堂狼和堂螂是一个地方,"堂狼"系县名,蜀汉时属犍为属国,即今天的会泽、巧家、东川一带。东汉时期,东川产铜的具体情况虽无文字可考,但从出土的堂狼铜洗看,当时的生产已达到了较高水平。

汉代至元代的1200多年间,对于东川地区铜矿的开采情况,史书上缺乏记载,所以无法知道详情。《元史·食货志》天历元年(1328年)的岁课表中,只有云南一省课铜。可见元朝时候,云南的铜已得到重视。但是《食货志》只说到东川乌蒙(今东川、昭通等地)课金,没有提到产铜的事。大概是由于当时产量不多,或者因为这一带是兄弟民族聚居地区,所以元朝没有设官开采。

---

① 东川矿务局:《东川铜矿志》,云南民族出版社1990年版,第3页。
② (汉)班固:《汉书》卷二十八《地理志》,中华书局1962年版,第1601页。
③ (南朝宋)范晔:《后汉书·志二十三·郡国五》,中华书局1997年版,第3513页。
④ (晋)常璩:《华阳国志》卷四《南中志》,第15页。
⑤ 龙云、卢汉监修,周钟岳、赵式铭等编纂,李春龙、江燕点校:《新纂云南通志》,云南人民出版社2007年版,第28—37页。

直到明代又开始有史书记载。由于社会经济的进一步发展，对于铸造钱币的主要原料之一的铜的需求量增加了。因此，明代的官书里又重新出现了东川产铜的记载。《明一统志》记载东川军民府产铜铁。因铸钱一事，关系重大，从汉代以来就已经是官府专营之业，因此明代对铜也采取专利政策，严禁人民私采。如有私采、私炼、私自贩卖者，要照律治罪，其目的在于把全部铜产攫为己有。但明政府的统治势力当时还没有深入东川等少数民族地区，无法控制这些地区的铜的生产，所以只有不断地下令禁止开采。由这些记载看来，16世纪中叶以后，东川地区铜的生产较前已有显著的增加。

但是东川铜矿的大规模开采，从现有的史料来看，还是18世纪初期以后的事。清代初期，湖南、湖北大批矿工进入东川，从事铜矿开采，生产规模逐年扩大。

1682年（康熙二十一年）以后，吴三桂起事被平定，清朝确立了对云南的统治。为了镇压新平定的地区，清政府在云南驻扎了大批军队，每年需要大量饷银；同时建立的庞大官僚机构也需要大批的款项，如何筹集这批经费就成了问题。于是，云贵总督蔡毓荣上疏朝廷，提出了四条整理财政的办法：一是广鼓铸；二是开矿藏；三是卖田庄；四是垦荒地。第一、第二两条，就是说要大量开发金、银、铜、铅各矿，用来铸钱，然后作为发放军饷和政府其他开支的费用。按照当时官定比价，纹银1两可以兑换制钱1000文，但铸造1000文制钱，却只需要几钱银子的成本，这是一件十分有利可图的事。此外，还可抽收矿税，这也是个可靠的财源。蔡毓荣为了鼓励矿民[①]开矿，还提出奖励的办法，指定矿山招民采炼，开采所得，以20%缴给官府，作为矿税，其余80%准许矿民自由买卖。其次，还规定："凡有司招商开矿，得税一万两者，准其优升；开矿商民上税三千至五千两者，酌量给与顶带。"[②] 这样，开矿不仅可能获得厚利，而且可以得官得名，所以在多方的鼓励下，采矿业日益兴盛起来，东川产铜渐增。据记载，康熙四十五年（1706年），云南全省金、银、铜、铁、锡各场岁课

[①] 地主、商人经营采矿冶炼事业者，过去叫商民、矿民或厂民。
[②] 蔡毓荣：《筹滇十疏》第四疏议理财，见师范辑《滇系》卷八之三《艺文》，第49页。

达 81482 两①，比康熙二十四年（1685 年）增加了 20 倍。既然铜是云南最重要的矿产，产量的增加也一定最快。但究竟在哪些地区开采，东川铜矿的生产情况如何，因为缺乏史料，现在已无从查考。

清政府见矿民得利甚多，康熙四十四年（1705 年）另立新法，实行"放本收铜"政策，规定矿民入山采矿，均由官厅发给工本，冶炼成铜后抽取 20% 的铜税，这叫作"课铜"；其余 80% 须按照清政府规定的低于市价很多的价格卖给官厅，以抵偿"工本"，这叫作"官买余铜"，或称为"官铜"。不领"工本"自筹经费开矿的，官厅也照样要抽铜课，卖官铜。总之，不管领不领"工本"，生产出来的铜须一律交与官厅，不许私自出卖。私卖的叫"私铜"，如被查获，不仅铜被没收，卖铜的人还要受严厉处罚。同时在云南省城设立"官铜店"，控制全部铜的买卖，官厅压低铜价，低价买进，高价卖出，加上官僚贪污成性，抽课时尽量勒索，收铜时加长秤头，给价时又任意克扣，而且常常借故拖延，使矿民不能很快领到铜款。这样一来，按照新订的办法，矿民不但无利可图，而且多数矿民都受到亏累，以致破产。

自 1705 年以后，清政府这种运用统治权力来压低铜价，控制铜的买卖，把利益全部攫为己有的做法，引起了矿民的反抗。当时矿民采取了下面几种反抗方式：一种是封闭铜矿，不再生产，所谓"有利则赴，无利则逝"；一种是贩卖私铜；还有一种是继续领取"工本"，从事生产，但拖欠"官铜"，形成所谓"厂欠"。这样就影响到铜的生产。因此，从 1705 年到 1723 年的 18 年间，报开的新厂只有 1 处；旧的各厂，虽然名义上没有封闭，而实际上却大多已生产停顿。而这时正是清政府感到"铜荒"严重的时候，统治阶级为了获取铜料，才不得不对矿民做些让步。

在康熙二十二年（1683 年）前后，每年铸钱铜料主要依靠从日本输入的洋铜来供应。但不久，日本国内铜产减少，削减了铜的输出额，洋铜进口也随之减少，因此清政府赖以铸钱的铜料大感不足，不得不在国内大肆搜罗。雍正二年（1724 年），清政府下令收买废铜，第二年又下令严禁用

---

① （清）倪蜕辑、李埏校点：《滇云历年传》，云南大学出版社 1992 年版，第 555 页。

黄铜铸造器皿。雍正四年（1726年）开始，东川生产的铜由水陆运京，供鼓铸钱币。雍正五年，又减少制钱含铜成分，并规定人民可以用铜器缴纳旧欠钱粮。铜荒的严重情况，由此可见一斑。同时，雍正元年（1723年），清政府为解决铜料供不应求的困难，对矿民做出让步，下令严禁勒索课铜，不准短少给价，并规定除缴纳铜课及官厅收买一部分供给本省铸钱以外，如有剩余，准许矿民自由出卖。这样就使开采铜矿又有利可图，东川产铜大增，雍正二年各厂只能获铜100余万斤，雍正四年增加到215万斤，其中尤以汤丹、碌碌（今落雪）、大水沟（今因民）发展迅速。①

但上述规定实行不久，统治阶级又恢复了完全官买的政策，强迫厂民领取"工本"，并垄断了铜的产销。官方为了取得更多的利益，又企图尽量压低收铜的价格，于是围绕铜价问题，官方与矿民之间又展开了一系列的斗争。矿民因为"厂欠"太多而纷纷逃亡，铜产量又受到影响。铜产量减少，不能满足中央铸钱机构和各省的需要，又逼使统治阶级再度改变办法。

乾隆三十八年（1773年），清政府进一步改变方法，准许矿民自行出卖产铜的10%，叫作"通商铜"。但东川各矿厂实行这个命令时，是把"通商铜"在东川铸钱局铸成铜钱，以所得的利润，偿清"厂欠"，等到"厂欠"全部偿清以后，才拨给厂民，作为铜价的补助费。实行新办法后，虽然收铜的官价仍低于生产成本，但是有了这部分补助收入，再加上厂民困难时，不可避免地要秘密出卖私铜，收入情况有了一些改善，所以从1773年以后，直到乾隆五十三年（1788年）这15年中，铜产量又有所上升。

乾隆五十八年（1793年），清政府又下令缩减各矿厂每年产铜定额，矿民得利再增，东川产铜日益旺盛。据《云南矿产志略》统计，乾隆三十八年（1773年）至道光二年（1822年），平均年产铜6250~8125吨，于此东川古代产铜达到鼎盛时期。东川铜运京所铸成的钱币，质地优良，通行全国。清政府对东川铜矿十分关注，《清实录》中还留有1793年9月12

---

① 东川铜矿史编辑委员会：《东川铜矿史》，云南人民出版社1961年版，第9页。

日乾隆皇帝亲笔为东川铜矿龙神庙题写"灵裕九圜"匾的记录。

乾隆时期是东川铜矿开采规模较大、产量较多的时期。但到乾隆末年及嘉庆初年，东川铜产已有下降趋势，原因是生产成本又有增加，以通商铜铸钱所得利润来补助厂民的办法，这时已经失效，因为钱铸得太多，钱价大跌。

东川铜矿产量自19世纪初开始日渐减少，说明清政府的掠夺政策、繁重的课税及官吏的贪污使铜的生产受到严重的阻碍。

鸦片战争爆发后，外国铜大量输入，我国铜矿业遭受冲击，东川产铜趋于衰落。咸丰九年（1859年）至同治十二年（1873年）间，矿区因发生回民起义，封闭矿厂而近乎停产。起义失败以后，统治阶级就想恢复铜矿生产，以增加收入。鉴于当时官府经费匮乏，库空如洗，无力筹措资金，于是以"官督商办"的名义，利用地主商人的资本来恢复生产。同治十三年（1874年），由当时的云南巡抚岑毓英奏准，委派绅士牟正昌择定东川的茂麓及其他的一些厂，实行官督商办。但仍然采用"放本收铜"的老办法，不同的只是改由绅商经手，不再归官府管理。因为经费短少，而且当时战事结束不久，百货昂贵，招募不到矿工，所以办了几年，生产毫无起色。光绪五年（1879年）改归官办，光绪八年（1882年）再度改为"招绅商办"，企图重振东川矿业，但终未能改变衰败局面。光绪九年，清政府在云南设立"矿务招商局"，经营开采事务，并在上海设立"驻沪办理云南矿务招商局"，办理招股转运各项工作，企图号召商人投资，利用商人资本，再图振兴。但结果只招到商股7万两，另外领得官本12万两，资本仍然十分薄弱，生产情况还是没有什么好转。光绪十三年（1887年），清政府委唐炯为云南矿务督办，专门办理云南铜务。唐炯创设了"招商矿务公司"，招收商股，从事采炼。同时派云南著名巨商、以高利贷起家的天顺祥商号经理、候补同知王炽等分赴四川、湖广两省和汉口、宁波、上海等大商埠招商募股。公司章程规定给投资者以管理厂务的权利，并允许给予优厚的利息和红利。但是投资者仍然不多，而且据后来查明公司的所谓商股部分，全系唐炯以个人的名义从天顺祥商号挪借来的。

招商矿务公司，原来准备一方面代替官方"放本收铜"，另一方面也自行采炼。公司成立以后，曾以高薪聘请了几个日本工程师到东川来，试用新法采炼。但是兴办的白锡腊矿用了两年时间，花费资金10余万元，才出铜10余万斤，东川初次试验新法采炼全部失败，此后公司仍靠"放本收铜"来获取铜料。在这一方面，仍然遇到以前"放本收铜"一样的老问题，即官价与市价悬殊很大，厂民吃亏，不愿生产。唐炯这时兼办个旧锡矿事务，用锡矿收入增补一部分铜价，所以这时东川铜产稍有上升，但是公司仍亏损50余万元。到了光绪三十二年（1906年），公司终以经营困难而停办。矿务公司停业后，东川铜矿又改归云南布政使经理，仍由官府办理"放本收铜"，直到1911年辛亥革命爆发，清朝的统治被推翻为止。

三、铜矿生产管理

清政府对云南的铜政非常重视，管理相当严密。凡是报开新矿，封闭旧矿，分配销路，决定官价，甚至官员的薪俸、夫役的伙食等，事无大小，都要由总督巡抚或布政使上奏章，由户部王公大臣复议，然后由皇帝做出决定后实行。

其管理还有一套严密的规章与组织。照清政府的规定，总督、巡抚、布政使都有督办铜政的权力与责任。但实际上，起初是粮储道总管全省铜政。乾隆三十三年（1768年）以后，改归布政使管理，厂务则由各级地方行政官吏负责监督。例如迤东道管理12个厂，下面的东川府则管理汤丹、碌碌、茂麓、大水沟、大风岭、紫牛坡、狮子尾7个厂。因此，厂务便成了各级地方官吏行政工作极为重要的一部分。而且办理厂务成绩的好坏，也是对各级官吏考绩的一项重要内容。但是，这些州县行政官吏并不亲自驻在矿上，直接管理厂务的是厂官。大体上每厂有厂官1人。厂官之下，还有书记，专管文书册报事务；巡役、练役等则执行"督察矿丁，缉捕盗贼"的任务。而其中最主要的则是"七长制度"，即：

（1）㰐长。这是采矿方面最重要的技术人才。他负责察看和辨别苗引，以及检验矿石的成色，调拨与指导矿工如何采掘凿打，并且也指挥架㰐，安置风柜、水龙等工作。

（2）硐长。专门负责管理硐内杂务，如果和邻近的硐子发生争尖夺底①之类的纠纷，也由他察看。

（3）客长。厂民之间发生纠纷或争尖夺底的事，由客长品评公断。如果是回汉两族人民杂处，就分别设客长；有外省籍的工手，也按不同籍贯分别设长，而以一人为总领。

（4）炉头。这是冶炼方面最重要的技术人才。这人要熟悉炭性和矿性，善于观测火候，掌握窑炉，精通配料和冶炼的工作。

（5）炭长。负责保举炭户，领放柴炭的工本，维持燃料的供应。

（6）锅头。掌管全厂人员的伙食供应。

（7）课长。办理税收的事情，凡是支发工本，收运铜料，出纳银钱，都由他经手。

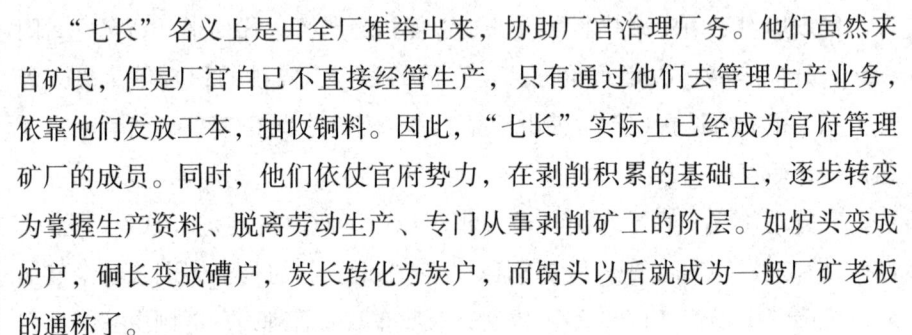

"七长"名义上是由全厂推举出来，协助厂官治理厂务。他们虽然来自矿民，但是厂官自己不直接经管生产，只有通过他们去管理生产业务，依靠他们发放工本，抽收铜料。因此，"七长"实际上已经成为官府管理矿厂的成员。同时，他们依仗官府势力，在剥削积累的基础上，逐步转变为掌握生产资料、脱离劳动生产、专门从事剥削矿工的阶层。如炉头变成炉户，硐长变成礄户，炭长转化为炭户，而锅头以后就成为一般厂矿老板的通称了。

四、历史上的生产工具与生产关系

古代生产力水平低下，东川铜矿探测矿床主要靠审山度势，再找寻苗引，凭经验揣测矿量的多少；对于辨别矿石含铜成分的高低，主要依靠审察矿石的颜色光彩和组织纹理来确定。

清朝采矿的工具，最主要的是槌与凿，爆破用黑火药，照明用油灯，搬运靠人力，冶炼用土法，亦无任何通风设备。凿又叫尖子，也就是钢钎子，所以开矿又称打尖子。槌即普通的锤子，轻的一个人就可以掌握，用锤打凿，采取矿石；重锤要两只手才可以挥动，所以工作时，要一人把握钎子，另一人运用重锤锤击。把凿的叫"凿手"，使槌的称为"槌手"。运用重槌，消耗体力很大，所以需要另外两个人来轮换，这叫作"挂尖"。

---

① 两硐并取一矿叫争尖。硐在上，另一硐从下攻截叫夺底。均易引起纠纷。

遇到坚硬的岩石，采矿工人常用柴火把岩石烧热，然后用冷水浇泼，于是岩层出现裂缝，便于槌凿敲取，这叫作"火烧水泼法"。① 以后便是运用打眼放火药爆炸的方法。

矿在山中，必须凿山而入，才能采到。开采时又有打明硴及打硐的分别。明硴就是今天的露天采矿，这种采矿法的好处是不需要通风照明的设备，缺点是取土量大，消耗劳动力多，并且不容易深入矿体，得矿较打硐少。

打硐又称打磋，也就是坑道采矿，通到山腹里去的坑道叫作"窝路"。窝路四壁如果是土，叫作"松塃窝路"；四壁是石头的，叫"硬峡窝路"。窝路向前平进的叫"平推"，稍斜的叫"牛吃水"，斜行的叫"陡腿"，由上而下的叫"钓井"，由下而上的叫"钻天"或"钻篷"。② 当时窝路非常矮小，矿工在里面经常需用四肢爬行。钻天或钓井都要做阶梯以便升降。窝路有崩塌的危险，所以必须用木头支撑起来，这叫"架樕"。架樕以四木为一组，叫一"箱"；如一尺以内就要架一箱的叫"寸步箱"。隔尺以外的叫"走马箱"。通常大约每隔两尺架一箱；窝路远近，常以箱的多少来计算。矿内必须有照明、通风、排水的设备。矿工称的"亮子"，就是照明用的以铜或铁制的灯盏，用链子系在一根铁杆上，以便矿工伏地爬行时插在包头布上或者衔在口里。

通风叫"闷亮"，如窝路不远，只要一具风柜，用手摇转，扇入空气；如窝路远，还要另开风洞。通风设备的简陋，使窝路不能随着矿脉随意深延，但为了矿砂，厂主常常强迫矿工在空气十分稀少、呼吸困难的情况下去冒险取矿，因此就会发生窒息闷死矿工的惨剧。

排水工作比通风更为困难，若是矿硐地位高，窝路平推，引水自然外流，这样最为省力。如果矿硐的位置低，而窝路又向内倾斜，就需要用人工排水。遇到这样的情况，如出水不多，一般用皮囊背送出来；如出水猛而且多，还必须安设"水龙"。所谓"水龙"，就是用木或竹料制成的长形

---

① 东川铜矿史编辑委员会：《东川铜矿史》，云南人民出版社1961年版，第29页。

② 东川铜矿史编辑委员会：《东川铜矿史》，云南人民出版社1961年版，第30页。

的水桶，长八尺以上，直径四五寸，上有木或铁制的把手。排水时是一龙一龙地把水提出钓井，倒在平推窝路上，这种工作叫"拉龙"。每一龙须要两人轮换，一叫"龙手"，一叫"换手"。这种工作异常吃力。普遍每天一龙要换3班，就是一昼夜每龙需要12人轮换工作。① 因为工具比较简单，排水工作受到极大限制，有时矿内出水太猛，需要几十条龙来排水，即便能够把水排出，但需要成百上千的人来拉龙，所需人工过多，所得已不敷成本了。

至于冶炼，矿石在放入窑炉冶炼以前，先要经过选矿和洗矿的手续，凡原矿夹石的，要捶成碎粒；带土的应淘洗干净。其次是配矿，成分高的应配以成分低的，也可配以白石；成分低的应配以成分高的，也可配以黄土。这种配成的矿石叫"带石"。带石是否配合得当，关系到能否炼得出铜来。如配合不当，好矿也可能炼不出来，而只能够使矿石与杂质凝结在一起，形成所谓"和尚头"的废品。

最好的彻矿，如果配合得当，只须经过一次炉火，就可以成净铜，这叫"一火成铜"。"一火成铜"的冶炼，需时一昼夜的，叫"饱火"；晚上炼第二天成铜的，叫"半火"。炼铜所用的炉子，叫"大炉"，大约高一丈五尺，底长九尺，宽二尺多，炉形是渐上渐狭，炉壁全用土砌成，有一尺多厚，内壁用胶泥和盐抿实。这种炼炉有四个门："火门"，是加炭加矿的入口；"金门"，是拑揭铜饼的出口；"风门"，为接通风箱的口道；"红门"，用来观察炉内的火候。②

炼铜时，先把矿石与木炭相间装入大炉，然后引火燃烧，并开始鼓风。大炉炼铜，除了要配料得宜外，火力也要适当。鼓风时用力不能太猛，猛则炭矿要下陷炉底；也不能太慢，慢则火力不到之处，矿不能熔化而胶结于炉壁，叫"生膀"，所以鼓风需要十分谨慎。同时鼓风也是十分费力的事，一个风箱，需要用三个人推拉，每小时便要替换一次。普遍六个人组成一班，一班一天工作十二小时，便由另外的一班来接替。这样换

---

① 东川铜矿史编辑委员会：《东川铜矿史》，云南人民出版社1961年版，第30页。

② 东川铜矿史编辑委员会：《东川铜矿史》，云南人民出版社1961年版，第32页。

两班成铜的，叫"对时火"，换三班的叫"丁拐火"，换四班的叫"两对时火"，换六班的叫"二四火"。①

矿石经过燃烧熔化以后，沉于炉底，就可以开始取揭了。揭铜时，用米汤、泥浆或清水浇泼矿液。矿液凝结，排揭出来，淬入水中，便成一块铜饼。最初揭出的一二饼，含有渣滓，叫"毛铜"；三四饼以后，杂质较少，叫"紫板铜"。毛铜要用大炉重炼，紫板铜也要入蟹壳炉再炼一次，炼成蟹壳铜。每100斤紫板铜可炼得蟹壳铜80斤，含铜成分达到90%，这是当时云南铜厂所能炼的最纯的铜料。

一次成铜的锻矿比较难得，一般的次级矿石都要先行锻过，才能入大炉炼成铜。锻矿用窑或炉。窑形状像馒头，大小不一，小的一尺多高，大的五六尺高。锻时把柴炭和矿石相间堆垒起来，用泥封住，上面留个火口，成为一座窑，就可以煅烧了。炉有将军炉、纱帽炉、蟹壳炉等类型。将军炉上尖下圆，形式像甲胄；纱帽炉上方下圆，像个纱帽。这两种炉子都有两丈多高，宽是高的十分之四，其他都和大炉相同。蟹壳炉是上圆下方，高一丈多，宽为高的二分之一，其余部分与大炉差不多。

较易锻炼的矿石，在窑里煅烧两次，送进大炉烧炼，可以揭成"黑铜"。黑铜再放入蟹壳炉烧炼一次，才成蟹壳铜。比较难炼的，要放在大窑里煅烧一次，然后配成带石入炉，炼成"冰铜"。冰铜需要再放入小窑翻炼若干次，然后放入大炉炼成紫板铜，再入蟹壳炉炼成蟹壳铜。煅炼矿砂所需要的燃料、窑炉各有不同。锻窑需要盘根错节的鲜木柴，间以木炭，这样火力才能耐久，太枯干的柴不合用，所以锻窑所需的木柴必须现砍现用。炼炉全部用炭，火力因炭质而各有不同。松炭、杂木炭火势猛烈，栗炭火势均匀，枯树烧成的炭火力只能得半。炭如果经过雨淋水浸，火焰就小，火力也弱。炼铜时可以根据炭价的高低掺和使用，不过蟹壳炉必须使用松炭，决不能用别种炭去代替。②

清代土法冶炼取得了极大的成就，因此东川各矿曾达到1000多万斤的

---

① 东川铜矿史编辑委员会：《东川铜矿史》，云南人民出版社1961年版，第32页。
② 东川铜矿史编辑委员会：《东川铜矿史》，云南人民出版社1961年版，第33页。

最高年产量；但同时也有很大的局限性，成为采矿冶炼事业发展上的障碍。首先从技术方面讲，不论配矿还是观测火候、输送风力，多半只凭眼力经验。由于历史条件的限制，这些宝贵的经验都没有很好地加以科学总结，因此也有锻炼失败，消耗劳力柴炭工本的时候。又据近人考察，铜渣含铜量有高到5%以上的，这也是对资源的一个很大浪费。其次是用炭问题，据估计，当时炼铜100斤，需要用炭1000斤，东川各厂年产量最高时达到1000多万斤，那么每年所用的炭就要在1亿斤以上。这些炭最初取之于矿厂附近的森林，成本还低，随着采冶时间的加长，附近的山林砍伐殆尽，柴炭的来路日渐遥远，价格也随着上涨，因而使炼铜成本增加。故清代常以"硐老山荒"作为封闭矿山的理由，这通常并不是矿藏已经采掘净尽，而是在当时的技术条件下已经无法开采，或者采炼成本太高，已经无利可图。

在清代，矿民、厂民是指自己出资金或领取工本开矿、办厂的人，有时也包括直接从事生产的矿工。矿工则被称为"砂丁"或"走厂者"。厂主雇佣矿工的办法分两种，一为"月活"，就是开采不论收获多少，矿工按月领取固定的工资；一为"亲身"，矿工不领工资，而是按照一定的比例分取矿砂。就剥削程度说，"亲身"较"月活"更残酷些，因为这种办法，对于投资者在开采无矿或所得较少时，只是支付了油、米，不至于大量亏本，而在遇到大矿时，投资者获利极大。对于矿工，他们为了取得较多的报酬，就加快开采，因而增加了单位时间的产量，结果给投资者提供了更多的利润。矿工到矿厂受雇，形式上是自由的，但一经受雇，便变成农奴式的劳动者，受到厂主的剥削。在这种野蛮的奴役管理制度下，矿工像牛马一样地被驱使去为厂主流血流汗，不知多少矿工因此而丧失了自己的生命。不堪忍受奴役剥削的矿工，曾不断以逃亡，杀死工头、厂主的手段，来对抗残暴的统治者及剥削者。

东川铜矿产量自19世纪初开始日渐减少，造成其生产衰落的原因之一便是直接从事生产的矿工在残酷的压迫下，全无劳动热情与改进生产技术的积极性可言。矿工的创造发明得不到重视和发展，东川铜矿的生产，长期停留在落后的生产技术水平上，缺乏良好的通风、排水设备，不能深入矿体。加上没有较为发达的其他经济部门如交通运输业、燃料业和商品谷物业与之相配合，这就不能解决运输、燃料、油米供应不足等困难，使生产发展受到很大的局限。

第二节　民国时期东川铜矿的开采

一、开采管理机构

民国初年，滇省委派专人开办东川铜矿。1912年2月，云南地方政府委派清朝时的东川知府严庆祺和原铜厂厂员郑鸾锵继续办理东川铜矿。过了一年，由于官方筹款困难，即由云南前都督兼省长蔡松坡发起，由官商集股，于1913年3月成立了"东川矿业股份有限公司"，由原官办改为"官商合办"，但是公司事实上并没有招收商股，它的第一任总理刘盛堂（豪绅）还是用"官本"压低价格去收买商民所炼的铜。刘盛堂为了中饱私囊，还把铜价由每百斤16两银子降低到14.4两。这样一来，就严重地侵犯了商民们的利益。所以，他们就一再联名控告刘盛堂，终于将他赶下台。7月，云南省实业司委派陈凤鸣继任总理。他把铜价调整为每百斤21两，让商民们得到一些好处，以缓和剥削阶级内部的矛盾，同时提高一部分独立小生产者的生产兴趣。可是广大的矿工仍然遭受着沉重的剥削。

东川矿业股份有限公司成立后，利用四川军阀正设法铸造大批铜圆的时机，采取"以贱价发之于商，以高价售之于川"的办法经营铜业，加之四川和东川只隔着一条金沙江，过去又有运铜的道路可通，这给东川矿业股份有限公司创造了一个好机会，使它可以大量采炼，牟取利益。之后几年间，产铜量略有增加，但未能形成上升发展趋势，1918年年产粗铜仅1121.8吨，之后逐年下降，以致衰落。1939年3月1日，滇北矿务局开业，尽管采取准许矿民自由开采，并规定不需缴纳任何费用的政策，但仍不能使东川铜矿复兴。

1937年全面抗战爆发，不久国民政府被迫迁都重庆，并加紧对各地资源的开发，资源委员会乘机渗入了东川矿区。1938年7月，资源委员会派代表与云南省政府进行协商；9月，滇北矿务公司筹委会成立；1939年2月，创立会在昆明召开，同年3月1日正式开业。当时议定公司资本暂定法币200万元，双方各任半数。"原有东川矿业公司全部资产，照原股额计算，不另估价，由省府收回，移转作为投资之一部份。"此外，"其余由会方暂垫不计利息"。在利润的分配上，资源委员会允许"省方保留应摊得之盈余百分之十五自由支配"。但是在人事上，资源委员会把持了所有的重要职位。筹备期间，名称本来叫作滇北矿务局，但挂出的招牌却是"滇北矿务公司"。

抗战胜利后，国民党不惜违背全国人民普遍要求和平的愿望，在美帝国主义的支持下发动内战。资源委员会下令东川铜矿"资遣人员，变卖器材"。根据这个指令成立的滇北矿务公司保管处负责办理结束工作。

二、对东川的历次查勘

东川虽然地方偏僻，但是由于蕴藏着极为丰富的矿产，早就被帝国主义觊觎，最早为同治末年法国派遣的以茹伯尔为首的安南考察团。茹伯尔等经历全省考察，曾至东川。回国后，形成报告，其中只涉及大略，而全文译载吴其浚《滇南矿厂图略》。光绪二十一年（1895年），法里昂商会组织"支那经济考察团"自越南入滇，抵昆明后分为两队，其中一队经东川、昭通以入四川，矿工师杜克专门调查矿产。1898年该团出版的报告书中，有东川调查专章纪述。宣统元年（1909年）十一月，法国教育部派戴普拉氏入滇勘查地质矿产，历时15月，足迹遍全省；1912年出版报告书2册，其1/20万地质图东北角为东川。

1913年，东川矿业股份有限公司延聘时任云南工业学堂教员的日本人山口义胜，与实业厅技正陈肇岐至东川调查，历时3月，曾到汤丹、落雪、因民、茂麓各厂矿及附近旧矿坑。山口义胜于各地铜、铅、锌矿床均有考察，并做出改良设计案，建议用50万元向日本购买机器设备和招用日本技术人员来扩建东川铜矿，使它达到日产矿砂100吨、粗铜10吨的规模。当时云南省地方政府因筹资困难，所以没有采纳他的计划。汤丹的"洋人硐"[①] 就是这段时间在山口义胜的"指导"下开凿的。有《调查东川各矿山报告书》2册，此为国人自行参加东川铜矿地质考察之嚆矢。1914年，

---

① 洋人硐，即今汤丹矿二号硐。

因农商部委派，丁文江于五六月间到东川勘查40日，随后发表了《云南东川铜矿》《东川铜矿之历史》。1921年，东川矿业公司又由云南实业厅聘美国人宾福士赴东川查勘，其以"记者"身份跑遍了矿区，报告书《东川矿山调查报告》于回国后印刷出版寄来公司。1936年，经济部地质调查所派朱熙人、黄懿来滇调查，于东川矿论述其详，发表《云南东川巧家铜、铅、锌矿调查简报》。经济部资源委员会后又复派谢家荣调查，肯定了朱熙人、黄懿的调查结果，并著有《云南东川铜矿简报》。①

滇北矿务公司组建后，资源委员会聘请矿业专家冯景兰等对东川矿区进行了较为深入的勘察，并发表了《东川铜、铅、锌矿记略》一文。1941年，地质学者李洪谟、王尚文二人对东川、巧家各矿又做了勘查，并发表了《东川铜矿地质初报》。1944年，中央研究院地质研究所孟宪民到东川一带进行地质考察，于1946年发表《云南东川铜矿地质》一文，由邓玉书绘制1/20万东川矿区地质图。

此外，1943—1944年，美专家拉福诺夫、布斯到东川进行了铜矿的采选调查。后来，美军后勤部国外经济调查局又加派呼雷来勘查地质。抗战后期，美顾问工程师惠勒编制出A.E.W.计划。但是，当时太平洋上战火未熄，交通阻塞，运输困难，及战后铜需要量下降，利润也不再如垄断寡头所想的那么惊人，加上资源委员会在抗战胜利后忙于接收东南沿海等地工厂企业，令该公司"资遣人员变卖器材"结束，所以这个计划没有实施。

三、生产关系

从1912年到东川解放前夕，矿区由于经济的、政治的、历史的多种原因，构成了极为错综复杂的生产关系。

辛亥革命后，东川矿区的矿山、森林等，在名义上属于国家所有，而实际上为官僚、绅商私有。在矿区，有所谓炉、磉、炭、马四户，他们经营采矿、冶炼、燃料、运输等业务，实际上掌握生产，而这些人又多半是

---

① 中国人民政治协商会议云南省昆明市委员会：《昆明文史资料集萃（第六卷）》，云南科技出版社2009年版，第5073页。

由地主阶级转化而来的，或者是由地主兼任的。

炉户，又叫锅头，管收矿炼铜，拥有冶炼的生产资料，如炼炉、燃料、工具、原料等，使用雇佣劳动，对矿工进行残酷的剥削。他们占有全部产品，出售给公司。炉户雇佣的冶炼工人有两种：长工是炉户家里长期雇佣的劳动者而又兼做其他杂活，炼铜时参加一些普通的工作；掌握技术的短工，包括炉头（掌握火候）、杂活（炉头助手）、拉撞（上料）、拉磲（炉磋工）、扯火（拉风箱）等。炼铜时 12 小时班约可得 1～2 斤米钱、1～2 角菜钱，炼完铜就各自回家。炉户多半是大地主，他们往往掌控着地方政权。汤丹的赵光泽、因民的赵勋臣等就是代表。他们经常大秤收进矿石，竭力压低矿价，估低矿石成色，任意克扣工资，延长工作时间，增加劳动强度，拖延付款期限，进行高利贷盘剥。同时，他们还兼营矿区日用百货的供应，时常抬高日用品价格等。炉户之间还常常通过协议，联合垄断矿石价格。他们趁赶街子的时候，轮流独家收买矿石，以便垄断价格。矿工辛辛苦苦挖出来的一点矿，往往就被他们三文不当二文地掠夺了去。老工人张学才说："值一块的，炉户顶多只给六七角，我们不卖又不能拿矿石来吃，只有被迫忍痛卖给他们。"正如矿区的《卖矿歌》里所唱的："熬过太阳熬月亮，千敲万锤打铜矿；全家老小救命粮，就靠矿石一箩筐。老板哼哈装模样，象牙烟杆衔嘴旁；狗眼斜斜看一看，'泥磋不净算劣矿'。"①

炉户剥削来的利润，一般都不再投入扩大再生产，而是把它用于寄生性的消费，或是拿去购买土地。因民的赵勋臣，十几年中，土地面积扩大了 10 倍以上。他们也做投机生意，放高利贷，所以生产上没有什么发展，技术水平也得不到提高。

磲户，经营铜矿的开采。地主炉户中也有相当一部分兼为磲户，这种人多半自己有硐子，他们有的招工开矿，有的就叫自己家里的长工干活。因民胡云楼就曾利用砂丁没有文化诬赖别人欠债，强迫王开学到他家帮长

---

① 东川铜矿史编辑委员会：《东川铜矿史》，云南人民出版社 1961 年版，第 51 页。

工做抵押，一面干农活，一面要背矿石。①

纯粹以经营采矿为业的硐户，雇佣三五人至十余人不等，供给砂丁火药、清油、橇锤等工具，开采出来的矿石按一定的比例进行分配。这种被雇佣的关系叫"打亲身"。按照产品分配比例的各不相同，又可划分为以下几种类型。

（1）平半亲身：硐主供给较多的工具，不管伙食，共同分配矿石，双方各得一半。

（2）三合亲身：硐主供给火药、铁器等，占有矿石的三分之一，全体矿工占其余的三分之二。

（3）正四六：硐主供给全部工具和伙食，独占六成矿石，矿工占四成。

（4）倒四六：硐主供给部分工具不管吃穿，独占四成矿石，矿工占六成。

（5）三七亲身：硐主供给少部分工具，不管伙食，占有矿石的三成，矿工可得七成。但硐主有时在打到接近矿的时候，又另外邀人参股。

（6）抽底：无论能否打得着矿，硐主都要收回成本，打着了分成，打不着时砂丁倒赔。

（7）还有一种"抽硐费"的办法，硐主占有硐子，不管工人的伙食、用具，坐收矿石的20%~30%。在滇北矿务公司时期，汤丹只有马干才一家采用这个办法。后来保管处主任马荣标也曾经占硐为私，勒令每个打矿的人交纳25%的矿石，使用滇北矿务公司留下的工具，还要另外分成，这种情况又有些类似传统社会的地租。②

当然，也有的三五个矿工合伙，自己凑工具、火药、清油，共同劳动，打出矿石后扣除工本再平均分摊。过去都习惯把其中承头的一人呼为"小硐户"。这种独立的小生产者为数不多，也没有得到继续发展的机会。这是因为他们没有政治上的权势做后台，在生产过程中虽然不受剥削，但

---

① 东川铜矿史编辑委员会：《东川铜矿史》，云南人民出版社1961年版，第53页。

② 东川铜矿史编辑委员会：《东川铜矿史》，云南人民出版社1961年版，第54页。

是矿区的许多物资都是地主炉户一手把持的,从购买火药、清油到出矿砂,处处都逃不出他们的魔爪,何况在缺乏科学技术知识的情况下,开尖又往往带有一定的盲目性,因此不容易得到发展。

炭户,也叫柴户,供应燃料。在铜矿的冶炼中,燃料与运输占有很重要的地位。传统社会时东川铜矿产量很大,燃料的主要来源是附近的森林,但是经过长期无限制的乱砍滥伐,只顾眼前使用,毫不考虑长远的需要,使矿区附近成了光秃秃的荒山。随着时间的推移,林木的采伐便逐渐向四周延伸开去,采冶愈来愈盛,采伐便愈广愈远。炼铜和用于硐内支撑的架樏需要的大量木材和燃料,不得不从远地运来。矿区的一部分地主炉户有的自己兼为炭户,邻近各县的地主见有利可图,便驱使农民砍树烧窑,供应矿区。这些人不劳动,和公司或炼铜的炉户订立合同,预支炭款,按照规定时间交货。这种炭户就是依靠剥削农民及烧炭工人而致富。另外也有一种从事小本经营的,资金短少,雇佣人数不多,没有什么政治势力,往往也参加劳动,有时与别人合伙经营,对雇工剥削的程度较前者稍轻。

马户,专营运输。过去矿区交通不便,道路崎岖,运矿运铜主要依靠人背马驮,经营运输的在矿区便叫马户。马户大体分两类:一种是小本独资经营,自己有两三匹马,自己劳动,其中又有一部分人兼办烧炭的事,但仍称为马户。在滇北矿务公司时期,落雪有30户以上的这种马户,占当时该地总马户的60%左右,共负担马匹运输量的一半左右。另外一种马户拥有的资金较多,占有的马匹较多,一般都有二三十匹马以上,自己不劳动而雇佣马夫劳动,并且和公司或炉户有借贷关系。这种类型的马户在落雪有20户左右,约为当地总马户数的40%,负担的运输量也占一半左右。①

这四户中,炉户资金最多,势力最大,往往还兼营其他的业务。从其经营方式来看,具有一定的资本主义性质。他们一方面都拥有或多或少的货币资本和生产资料,同时又都雇佣工人劳动。同时,由于他们多半是由

---

① 东川铜矿史编辑委员会:《东川铜矿史》,云南人民出版社1961年版,第55页。

地主、商人兼营，多数人参加土地剥削与高利贷活动，还凭借政治势力对劳动人民实行超经济的强制。从历史发展上看，他们与清朝"七长"的演变和发展有关，不同的是，除了礃、炭、马户中的一小部分人自己参加劳动，属于小本经营之外，其他绝大部分都是剥削阶级，不再是熟悉采炼业务的专门技术人才了。

从东川矿业股份有限公司到滇北矿务公司及保管处，除了在会泽提炼精铜和生产铅锌以外，对于铜矿砂的开采和粗铜的冶炼，大多只管收购，而自己生产不多。甚至在落雪，公司虽然修建了炼炉，但自己并不使用，而是出租给炉户使用。无论是官办也好，官商合办也好，都只图眼前利益，谁也不愿花钱增添生产设备，而只是掠夺式地专挖富矿。滇北公司虽然也使用过一点机器，但比重很小。生产者一直处于被奴役的地位，没有生产积极性。

采矿和冶炼的方法也是非常落后的。"对矿之采炼，沿用旧法，各厂方法，均属相同。"汤丹矿一号坑老工人赵顺章说，"从前我们进硐开矿，都是八只脚走路（两手、两脚、两肘、两膝），那种动作就跟蚂蝗伸腰一样。砂丁嘴里含着油亮子（灯），肢窝里夹着火药筒，手上拿着铁橇或小锤，屁股后吊个小塃箩（背笼）。"[①] 硐巷狭窄，阴深潮湿，矮小得无法伸腰，所以进出矿坑，运送矿石，都只好爬在地上，一伸一缩地向前蠕动。土法采矿多"习用炮杆火药"，即打炮眼用火药爆破的方法。每次爆破下来的矿石，重量数百斤不等；但背运出硐，每人一次不过五六十斤，最多的也不过80斤左右。东川矿业股份有限公司时期规定，在普通硐硖中，每天搬运3次；若是硐巷特别深远，一天只能搬运1次。这种矿石，使用人力运出硐后，还要用水冲洗，进行选拣，然后才能配料上炉冶炼。

炼铜的方法也是沿用旧式土炉，以人力鼓风。一般的炉子一个月里只扯5次火，每次可炼出粗铜2000～3000斤，炉上所需人工10余人。在这种低下的生产力状况下，生产的数量是极为有限的。

到了滇北矿务公司成立的初期，仍然沿袭东川矿业股份有限公司的一

[①] 《东川铜矿史》编辑委员会：《东川铜矿史》，云南人民出版社1961年版，第45页。

套管理办法。但为了满足军事需要中的铜料供应，滇北矿务公司成立以后也制定了一些新办法进行改良，在自采自炼方面比东川矿业股份有限公司时期有一定提高。滇北矿务公司花费了大量外汇，从开矿机械到医药用品都到国外洋行去订购。但到1941年底，因为交通阻塞，物资积压在中国香港、越南海防、缅甸仰光等地，一再吹嘘的电气化、机械化也只是在落雪安装了一部柴油发动机，使用了几台风钻。滇北矿务公司为了安装一台压风机，还专门从香港怡和洋行聘请了一个美国技师萨宾，花了半年多时间，才安装成功。

保管处成立后，产量更是急剧下降。据统计，从1947年该处成立到1949年3月，矿区总共产粗铜142.3吨，平均年产量在50吨以下，生产基本上处于停顿状态。由于社会制度的制约和生产力方式的落后，东川铜矿的发展缓慢曲折，几度兴衰后便一蹶不振，整个矿区没有一条公路，没有一幢楼房，矿工食不果腹，衣不遮体，生活极端贫困。

四、矿工的悲惨状况

辛亥革命以后，东川矿区就建立了规模较大的公司。从东川矿业股份有限公司到滇北矿务公司，无论就规模、工人人数、生产设备等各个方面来看，都有一定程度的发展。但是由于这里特殊的具体情况，工人们的状况也比较复杂。

东川矿业股份有限公司时期，矿区的工人并不完全受雇于公司。"至少有半数以上之工人，为自己采矿。""此外，在砂丁中，有所谓'亲身班'者。……此类'亲身班'之矿工，在全体矿工中，所占之百分数不多。"[1] 东川矿业股份有限公司雇佣的工人大约为千人。而整个矿区，与铜矿生产有关的劳动者，当远远超过此数。因为当时需要2万斤左右矿石才能炼一炉铜，又要耗费燃料2万多斤。这样庞大数量的原料与燃料，都要靠人力、畜力运输，炼成粗铜后还要运往会泽进行精炼，也要依靠人力、畜力运输。

滇北矿务公司时期，据《东川铜矿之地质报告》和《滇北矿务公司之

---

[1] 张肖梅：《云南经济》第十章"经济命脉之矿业"，第68－69页。

筹设现况》中的统计，落雪、因民、汤丹 3 处，工人约 1750 人。

又据《滇北矿务公司之筹设及现况》中说："综计总公司及各厂处职员共八十余人，技工约四十余人，矿警约八十余人，直接间接之矿工约二千人之谱。"这里所谓"间接"的工人，应该是指不受公司直接雇佣，而又与铜矿生产有关的工人（即部分地参加这项工作而非纯由公司雇佣的工人）。虽然"直接"与"间接"的比重各占多少已无法确切计算，但是根据矿区的实际情况看来，"间接"的工人不会比"直接"的工人少。

《滇北矿务公司业务计划书》中说："各矿区地点大都地僻人稀，居民多恃采炼及有关采炼之运输工作为职业，年来各区按乡摊派兵丁，下级职员容有未按规则办理，致矿工多数惶恐，甚至逃避他乡……"这个计划书是 1939 年初写的，在《请求缓役办法》第二条中说道："本公司矿区内民营矿硐矿工，因所出矿产，直接供给本公司，与本公司直接雇佣者相同……""所有工丁多属本地人，有时以生活困难，春秋时期仍从事农业。"①

《滇北公司生产报告书》中说："各矿区工人多数由当地雇佣，间亦由附近各县招募，惟当地工人多数半农业，专以采炼为业者甚少，时当农忙，则人数额受影响。"这就是群众一般所说的"半农半工"。实际上，附近的农民，也往往趁农闲的时候，自带一点盘缠和苞谷面，到矿山上来出卖劳动力，以增加一点收入。公司对他们既不管住宿，又不增加什么开支，而且在付给工资或收买矿石时，还特别苛刻，以获取更多的利润。正因为如此，所以矿区生产量在一年中的变化是："农忙则产量少，农闲则产量多。"产量平均是 9 月最少，1 月最多。以 1937 年为例，9 月只有 6.2 吨，而同年 1 月却有 18.8 吨，超出 9 月份的 2 倍还多。

矿区虽然是以采矿为主，但和农业有着紧密联系，加上地主多半就是炉户、碏户，所以帮工、佃户在采矿冶炼时又被迫充当他们的佣工。又由于矿区偏僻分散，生产落后，在官僚资本、地主阶级的重重压迫下，东川的矿工所处的地位和所过的生活是极端恶劣的。

---

① 马琦、凌永忠、彭洪俊：《东川铜矿开发史》，云南大学出版社 2017 年版，第 532 页。

被称为砂丁的矿工，是社会物质财富的创造者。但是在"把人变成鬼"的社会里，由于"三大敌人"的统治，这些直接从事劳动的生产者却被压在社会的最下层。描述砂丁生活的一首歌谣说："吃的阳间饭，干的阴间活。"事实上，不但大米饭难得看见，就是苞谷、洋芋也不可能经常吃。老工人刘海云、女工马培英等人还能回忆得起，他们吃过的野菜就有30多种。这些叫作岩蒜、水桶菜、苦麻菜、涩疙瘩、抽筋菜、箆挑菜、癞蛤蟆根叶、狗屎兰花等的山茅野菜，吃起来难以下咽，可是长期遭受奴役折磨的砂丁，为了维持生活，却不能不拿来充饥。有的人吃了以后全身发肿，有的人长期拉痢以至于送掉性命。

矿区由于海拔很高，气候变化很大，早晚两头冷，落雪一带六月天也飞雪。可是东川解放前的矿工，身上的衣服没有四季之分，冬天顶多也就是披件羊皮，一般人身上只穿一件麻布水衣，砂丁管它叫"脱肩二层"，因为脱掉这层就要露出肩膀，有的只是一片麻布遮羞，妇女儿童没有裤子穿也不是个别现象。"打矿工人真是苦，衣裳烂了补又补，上八块来下八块，破布襟襟团转甩。"[①] 旧社会里劳动人民活得很艰难，砂丁穷得没有立锥之地，无家可归的人往往是"白天给地主背塴（矿），晚上在洞子里等天光"。10岁就开始背塴生涯的张发清，回忆从前在碉里睡地下的情景时，沉痛地说："那时顶多不过垫点蒿帘子，死了就用它裹尸，丢到外头。"东川解放前的汤丹街上，号称有几百户人家，但是找不出几个年轻力壮的人。这里除了炉户以外，成千个穷苦的砂丁总共只有几床被盖。张朝生活到40岁，一贫如洗，没有办法结婚。砂丁张志福和王三三结婚，两个人的财产就是一件披毡。老工人张星照说："那阵没钱盖房子，哪里有躲处就往哪里躲，向地主租间房子，又小又烂，哪怕漏得'外面下大雨，里面下小雨'，一个月还要你出两块银圆。"[②]

砂丁和他们家属的血汗都被榨干了，不幸生病，也没有钱医治。滇北矿务公司虽然有医务室，但是工人得了矽肺病，公司不管。从东川矿业股

[①] 东川铜矿史编辑委员会：《东川铜矿史》，云南人民出版社1961年版，第60页。

[②] 东川铜矿史编辑委员会：《东川铜矿史》，云南人民出版社1961年版，第61页。

份有限公司到滇北矿务公司，矿硐里的工作条件基本上没有改变。砂丁在阴森、潮湿、不见天日的矿硐里终年爬行，肩、肘、手、膝乃至头部都常给岩石戳破，经过长期摩擦，长起很厚的老茧，这些地方的硬皮子是"拿根火柴擦得燃"。数九寒天，砂丁的脚下连草鞋也难穿上一双。茧疤太厚了，踩在通红的矿渣上，甚至都没有感觉。有人脚上绽裂开缝，没有钱医，就只好用针线缝起，再抹点蜡烛补上。

文教事业，在旧社会里也是专为剥削统治阶级服务的。砂丁和他们的子女，求生尚且不能，哪还有机会学习。对于因为贫穷而不能掌握文化的人，地主、炉、礌户和公司里的监工却借此机会更贪婪地吮吸他们的血汗，有的随便记账，有的冒领工资。王朝云给恶霸炉户胡云楼"打亲身"，干了两年半，结算时被诬赖倒差40块花钱①。汤丹工人柏荣伦常受监工克扣，干了半个月硬说只做了10天。只要监工一口咬定没有看见工单，砂丁的钱就白白地落进了监工的腰包。寡廉鲜耻的剥削者，有时还发假票子坑害工人。

在旧社会里，劳动不是生活中愉快的自觉的要求，而是广大矿工的苦难。滇北矿务公司为了榨取砂丁的血汗，用提高劳动强度与延长工作时间的办法，强迫工人每天工作14小时以上。无耻的监工和他们的主子还不满足，常常偷偷摸摸地把钟往回拨，有时太阳落山很久，硐子里的钟还不到4点（下班时间）。因此砂丁编出歌谣说："出了昭通到矿硐，穷人无钱来卖工；一天不得两顿饱，太阳已落不打钟。"②

新式机械开采虽然已经出现，但在滇北矿务公司仅有的几个风钻，都是打干眼的，更多的工人还是使用手锤和铁撬。硐内经常飞扬着岩尘矿粉，绝大多数工人得了职业病——矽肺。这种病本来难治，公司看到工人不能干活时，干脆就一脚踢开。矿区的老工人都还记得过去流行的歌谣："小小铁锤十八斤，打一锤来哼一声，挣得银子锅头使，累出毛病害自身。"③直到20世纪40年代，矿区还是用明火点炮炸矿。为了加紧生产国

---

① 指"半开"，云南的银圆，当时两枚"半开"相当一块银圆。
② 东川铜矿史编辑委员会：《东川铜矿史》，云南人民出版社1961年版，第63页。
③ 东川铜矿史编辑委员会：《东川铜矿史》，云南人民出版社1961年版，第64页。

防工业原料，矿区曾大量使用美国制造的烈性炸药。爆破后的炮烟，很容易把人闷昏，逃躲不及还有被炸死的危险。1941年，汤丹桃源硐里就闷死过好几个工人。

不但如此，砂丁在硐子里干活，生命也是没有一点保障的，遇到岩石一垮，飞来大祸，就会送掉性命。黄德富等许多砂丁都是被复槽①砸死的。李玉才在东川解放前曾经三次遇险，他的右脚在19岁时被矿石压坏；30岁时垮下来的岩石把他堵在硐子里，差点爬不出来；左脚又在47岁时被打跛。每当诉说往事时，他总是说："我是死过几回的人。"② 所以砂丁中间流传着"进硐阴间世，出来才算人"的说法。

矿区人民永远不能忘记的一笔血债，是落雪五号硐惨案。1942年11月间的一个阴雨天，七个工人刚点完炮，为了躲避浓烟，走出来透一口气。滇北矿务公司落雪办事处主任马荣标来了后，连声催促工人们接着干活。可是他才进去监视了两分钟，就嫌炮烟太呛人而鬼鬼祟祟地溜了。工人们继续干活，一个钎头打在霉炮③上，轰的一声响，苏本荣等五人当场被炸死；杨绍谦后脑嵌进一块鸡蛋大的石头；吕国明额上打穿一个洞，全身上下都是伤。苏本荣死后，一家七口人老老小小生活无着，被迫乞讨度日。④ 像落雪惨案这类的事，在矿区并不少见。水穴硐闷倒过两个工人，落雪西岳庙简直就是停尸房，那里专门集中所谓"传染病患者"，但实际上并不给予治疗。在里面小病会弄成大病，进去就难得出来。所以有病的人就是痛苦万分，也不敢大哼一声，怕一旦被拖进庙去，就等于进了鬼门关。1939年霍乱伤寒流行，一次就死去一百多人，这庙子附近堆满了砂丁的骨骸，野兽白天也来撕皮拖肉。"人命不值钱"，正是矿区人民悲惨遭遇的真实写照。⑤

---

① 垮岩的意思。
② 东川铜矿史编辑委员会：《东川铜矿史》，云南人民出版社1961年版，第64页。
③ 没有爆炸的炮眼，内有火药。
④ 东川铜矿史编辑委员会：《东川铜矿史》，云南人民出版社1961年版，第65页。
⑤ 东川铜矿史编辑委员会：《东川铜矿史》，云南人民出版社1961年版，第66页。

由于矿工悲惨的遭遇，东川解放前矿区流传着许多凄凉的传说。望郎坡在汤丹街的西北边，老明磺前的一个山头。每当黄昏时刻，这里就站满了砂丁们的家属，翘首远望，等待自己的亲人平安归来。可是说不定哪个不幸的黑夜降临时，突然传来噩耗，霎时间呼天号地，凄凉的哭泣声随风远扬，从此贫民窟里又增加一家孤儿寡妇，望郎坡上不知洒了多少辛酸的血泪！埋葬着无数砂丁的"花子硐"，是旧社会人吃人的另一个证据。它就在汤丹街下边，从前本是贫苦无依的砂丁与乞丐躲避风雨的地方。年久日长，有的人饥寒交迫，有的人老病残伤，死在里面也无人掩埋，后来就成为夭折的婴儿、孤寡亡人的墓地。尸体在里边被狗吃狼拖，支离破碎，惨不忍睹，所以也有人把它叫"万人坑"。类似的地方在矿区各处都有。①

　　砂丁的家属和子女在东川解放前同样过着牛马不如的生活。砂丁无例外地都是贫困不堪的，家属们为了糊口，也大都参加拣磺洗磺的工作。虽然是寒风刺骨的冬腊月，坐在家里也会冻得四肢麻木，但受生活逼迫，不得不把双手浸在水里洗磺，以致许多人的两手都是裂口绽开。对于女工的矿石，炉户和公司都挑剔得特别厉害，并且收矿的价格也往往比男工的低。对妇女还有许多限制和歧视。滇北矿务公司以前，矿区除了规定妇女不许进硐以外，还有一个沿袭下来的封建陋规，不准妇女上炉子。因为炉户、地主们说妇女上了炉子，就会污秽"矿大老者"②，必然炼出"和尚头"。统治阶级财迷心窍，不但自己迷信有保佑他们的财神、炉神、磺神，并且拿这些荒诞无稽的说法来麻醉劳动人民，以转移人们的视线和斗争目标。有时剥削阶级还借此迫害穷人。

　　唯利是图的炉户、磺户，对"小砂丁"的盘剥尤其厉害。因为在狭小的硐子里使用儿童对他们更为有利，很多七八岁的童工也和大人一样常年爬行。一箩箩沉重的矿石把他们压得骨瘦如柴，严重地影响着他们身体的发育和成长。童工的工资不及普通工人的一半，活却一点不减轻，挨打受骂更是常事。工头殷子明对童工苛刻狠毒，到他的私硐当学工，要先背三个月矿，不给工资，还要自带伙食。劳累一天后，还要给他家里服役，稍不顺

---

① 东川铜矿史编辑委员会：《东川铜矿史》，云南人民出版社1961年版，第66页。
② 矿神。

心，拳脚交加。当时矿区工作的本地青壮年工人几乎都受过这种折磨。

在半封建半殖民地社会中，生产关系严重地束缚着生产力的发展。东川的情况也是这样，无论炉、碽、炭、马也好，还是东川矿业股份有限公司、滇北矿务公司也好，也无论是地方军阀或四大家族，他们的本质都决定了其不可能真正地发展生产、改善劳动人民的生活。炉户不仅对矿工进行经济上的剥削，而且在很多时候还凭借封建势力强迫农民、砂丁为他们无偿地服役，实行超经济强制劳动，如修房子、运木料、点松子等都是最普遍的形式。

矿工们处在水深火热的无底深渊中。东川解放前夕，矿区十分残破，生产停顿，民不聊生，真是到了山穷水尽、奄奄一息的地步。但是另一方面，剥削阶级却整日花天酒地、荒淫无耻地过着寄生生活，与矿工们的生活形成了鲜明对比。

五、矿工的斗争

剥削阶级的残酷压迫引起了矿工朴素的反抗斗争。

（1）怠工。在矿区，怠工是砂丁进行斗争的普遍形式。流行的《怠工谣》说："手拿亮子去上班，终年辛苦受饥寒。提起手锤打几下，想起心寒懒得干。"

（2）揍监工。在工人面前专横跋扈、耀武扬威的监工、把头，工人们都非常痛恨，只要有机会，就和监工进行斗争。监工打人，他们也就"以牙还牙"。有一次滇北矿务公司强迫工人爬山去背大木头，监工路上不准工人休息，工人稍站一会儿喘口气就挨打。有个姓梁的监工专门用一根铁棍子，随时打工人。工人们忍无可忍，到了落雪，工人唐发明等几个人商量好了以后，就一齐动手，把他狠狠地揍了一顿。这家伙蓄意寻找机会报复，有次进硐，碰见工人许多成和王显明抽烟，他上去抓住就打，硬说是有意偷懒。他们俩气极了，拼着不干，把他揍了一顿。第二天公司就不准他们去上班，可是工人们知道此例一开，以后监工会更加猖狂，就采取一致行动声援，大家都不去上工。公司看到工人都团结起来，怕影响生产，这件事也就不了了之。①

1945年5月，滇北公司落雪厂唐出纳员拿烂票子发工资。由于战争等原因，通货膨胀严重，票子越来越不值钱，烂票子根本就买不到东西。一个姓殷的工人要求换，他不换，殷不满意，唐竟逞凶打了殷一耳光，这激起了群众公愤。30多人拿着烧红了的铁撬冲进公司质问，唐出纳等也只好假装笑脸，向工人赔不是，说好话劝工人，最后把烂票子规规矩矩地都换了。落雪车间工人杨方普等人曾集体抗议，拒绝上工。工头来叫，他们说："肚子饿着干不了活。"公司看见工人态度坚决，知道不好惹，又怕遭受更大的损失，只好让步。几次谈判后，公司答应每人增加工资100元，并承认烂票子一样买粮。工人们获得了胜利，才答应出工。②

（3）建立组织。矿区工人在东川解放前虽然还没有建立起自己的工会，但有的工人却已经自动地组织起来了。因民老工人杨文运说："我们穷得没钱医病，就建立了一种叫作'十弟兄'的组织，互相帮助解决困难，也有共同对付凶恶的工头、资本家的作用。"③ 这种组织在团结起来、共同斗争上，确有一定的作用。老工人张芝礼、鲁发明、王开学等人记得最清楚的一件事，是为了抢救刘太发和公司进行的一次尖锐的斗争。刘太发是矿区杉木箐的人，家庭穷困，他才18岁就已经是个多年的砂丁。有次打硐时，他从霉炮眼里掏出了一个雷管，因为事情多，来不及把它交到公司里去，下午就被公司用"盗窃公家物资"的罪名抓去，工头、矿警七八个人把他打得遍体鳞伤，动弹不得，半天哼不出一声来。消息传出后，矿工们既为刘太发的悲惨遭遇伤心，又对公司的血腥暴行气愤万分。在李得贵、黄金选和女工小英英等人的带领下，落雪的工人拿着大锤、钎子、木棒等，赶到公司去营救。这时，公司的人赶快把大门紧紧关起，暴徒们还在里面咆哮，虚张声势，威吓工人。几个矿工翻墙过去开了门，群众冲进院子。刘太发像死人一样，浑身是血，躺在地上。矿警们假装吓人，把子

---

① 东川铜矿史编辑委员会：《东川铜矿史》，云南人民出版社1961年版，第73页。
② 东川铜矿史编辑委员会：《东川铜矿史》，云南人民出版社1961年版，第74页。
③ 东川铜矿史编辑委员会：《东川铜矿史》，云南人民出版社1961年版，第74页。

弹推上了膛，但因害怕砂丁人多势大，都不敢开枪。砂丁们就这样用集体的力量救出了刘太发，并帮助他治好了创伤。① 凶恶的监工知道群众难挡，所以在群众面前就不敢任意作威作福了。公司为了维持生产，榨取利润，避免引起更多的纠纷，后来被迫同意由工人自己去找领班的工头。

由于铜矿的生产十分重要，所以国民政府对矿区的控制与统治也就特别严密。除了定期举行所谓"国民月会"，1939年，公司里建立了直属于国民党云南省党部的区党部，还筹划成立黄色的"工运小组"。烟毒、赌博、娼妓更是到处泛滥成灾，从各个方面对工人进行毒化和腐蚀。在严酷的压迫和剥削下，工人们很少有机会了解全国斗争形势的发展，这在一定程度上阻碍了工人觉悟的提高。在东川解放以前，矿工中始终没有成立工会组织。由于以上种种原因，工人的斗争具有相当大的局限性。但是，从红军长征过东川开始，这里漫长的黑夜逐步有了亮光。

六、早期革命活动与红军过东川

（一）党组初建

1926年，随着北伐战争的节节胜利，中国共产党也得到较快发展。11月7日，中共云南省特别支部委员会（以下简称云南特支）在昆明成立。同年，东川县（县府设在今会泽城）作为滇东北革命重点地区，由共青团云南省特别支部委派共青团员陈祖武到会泽中学以教书为掩护，开展革命活动。他组织成立了秘密进步团体"青年努力会"。蒋开榜、刘文明等一大批进步青年参加活动，接受新文化、新思想熏陶。其间，蒋开榜加入了中国共产主义青年团。1926年11月，陈祖武回昆，东川"青年努力会"的工作即由蒋开榜负责。

1927年夏天，已是中共党员的陈祖武再次来到东川，建立党组织。他发展蒋开榜等一批青年入党，建立了中共东川支部，东川遂成为全省较早开展革命活动、建立党组织的地区之一。

1927年底，陈祖武回昆工作，党支部由蒋开榜继任书记。1928年，以

---

① 东川铜矿史编辑委员会：《东川铜矿史》，云南人民出版社1961年版，第75页。

蒋开榜为核心的东川党组织开展了大量工作，为开展武装斗争做了积极的努力和探索。在会泽读书的东川人潘相才、赵仁甫等青年受党的影响参加了一些革命活动。

1929年6月，省临委决定将东川支部扩建为东川特别支部干事会，由蒋开榜、杨绍华负责，下设3个支部，共有党员15人。同年冬，根据中共云南临委指示，会泽特支干事会秘密组织武装力量，人数约2000人，准备发动武装起义，成立了"云南救贫义勇民军第一师"，制作了军旗、印章和委任状等，蒋开榜任师长，司令部设于会泽。

1930年春，为便于活动，蒋开榜进入会泽师资训练所学习。4月1日结业后，党组织认为东川新村地区是一个向南通往昆明，向北连接铜矿山区，经济状况较好，适宜开展革命活动的重要地区。蒋开榜便以教师的身份为掩护，来到东川的苍圣宫小学（现铜都街道新街社区）和绿茂的紫牛小学（现铜都街道紫牛村）任教，秘密开展革命活动。

蒋开榜来到仓圣宫小学后，积极宣传新思想、新文化，他同时还到三元宫小学（今集义小学）进行授课宣传，到梭山开办农民夜校，动员附近的贫苦农民到夜校学习文化，用算账、比较的方法，启发农民的阶级觉悟，宣传革命道理。中共东川中心县委委员刘文明也到三元宫开设武馆，广收弟子，集结力量。他同时还挑起货郎担，以卖小商品为名，走乡串户，奔走于周边地区，联络矿工、手工业者、农民、知识分子准备参加暴动。他还到昭通打入滇军第二旅并担任上士文书，秘密做士兵的策反工作。他在给妻子的信中写道："我离开你，去到危险的地方，让你担惊受怕了，但为了广大受苦受难的贫苦百姓，迫切需要一个个像我这样的人去冒险犯难，甚至去死，祖国才有希望。"

1930年5月，中共云南省委机关遭到破坏，东川中心县委与上级党组织失去联系。蒋开榜一边积极寻找上级党组织，一边继续坚持革命斗争，从各方面加紧武装暴动的准备。

九一八事变后，"云南救贫义勇民军"改称"云南反日义勇民军"，定于1933年10月4日举行武装暴动，这时已经秘密发动了2000余人。由于人员活动频繁，引起了当时的国民党会泽县政府的注意，再加上没有中共云南地下党省委的及时指导及其他一些条件还不具备，武装暴动被迫推迟举行。

1933年3月13日，蒋开榜、刘文明等30多人在白雾镇开会，决定直接派人到江西苏区寻找党的组织。3月14日，平开富等20余人从白雾镇出发，经贵州前往江西，途中返回来6人，其余全部到达江西苏区，编入第一方面军第九军团，长征时随军返回会泽。1933年秋，中共地下党东川中心县委的活动被国民党特务跟踪察觉。11月13日晚，蒋开榜在会泽天后宫被捕。当晚，刘文明及中共地下党东川中心县委的其他成员也在县城被反动当局逮捕，其中杨绍华被捕后叛变，供出了中共东川党组织的情况。刘文明被捕后，写下了"秋落春华死生中，不悲不壮不成功。成仁取义千古事，自有后来歌大风"的绝笔诗。1934年5月18日，蒋开榜、刘文明被押往城外大枪决。沿途蒋开榜高呼："打倒贪官污吏！打倒土豪劣绅！打倒帝国主义！推翻剥削制度！中国共产党万岁！"刘文明也同时高声大喊："乡亲们，你们睁开眼睛看看，反动派到底实行的是什么主义，他们的'三民'主义就是坑民、害民、整民。"蒋开榜牺牲时年仅26岁，刘文明为29岁。中共东川党组织遭到严重破坏后，本地的革命斗争暂时处于低谷。[①]

1934年，由于中共党内"左"倾错误导致红军第五次反"围剿"失败。为摆脱困境，保存革命有生力量，中共中央、中革军委决定离开苏区，实行战略转移。

(二) 红军过东川

1935年4月下旬，中央红军一、三、五军团分两路向云南挺进，原留在乌江北岸进行掩护的红九军团奉命快速跟进，于4月25日从贵州盘县（盘州市）进入云南富源。由军团长罗炳辉、政治委员何长工率领的中国工农红军第九军团，由于规模不大，善于机动，在贵州时的主要任务就是牵制敌人，掩护主力。进入云南后，按照中革军委的指示，红九军团继续担起了这一重任，其战略任务是单独行动，相机占领宣威、会泽，以分散敌军注意力，掩护红军主力顺利渡过金沙江。红九军团在军团长罗炳辉、政委何长工的率领下，于4月底5月初在滇东北乌蒙山脉一带，伪装强大

[①] 《东川革命史话》，2020年1月8日，参见http://www.kmdc.gov.cn/c/2020-01-08/3884390.shtml，访问时间：2022年8月13日。

兵力，声东击西，攻城略地，开展宣传，弄得敌人感到扑朔迷离，诱使国民党薛岳的三十六军周浑元部由寻甸经功山、阿旺直达东川、巧家"截剿"。红九军团攻占会泽县城后，又吸引了湘军李抱冰部三个师向会泽扑来。红九军团牵住敌人两支主力，为一、三、五军团和中央纵队从皎平渡用七天时间从容渡过金沙江创造了有利条件。

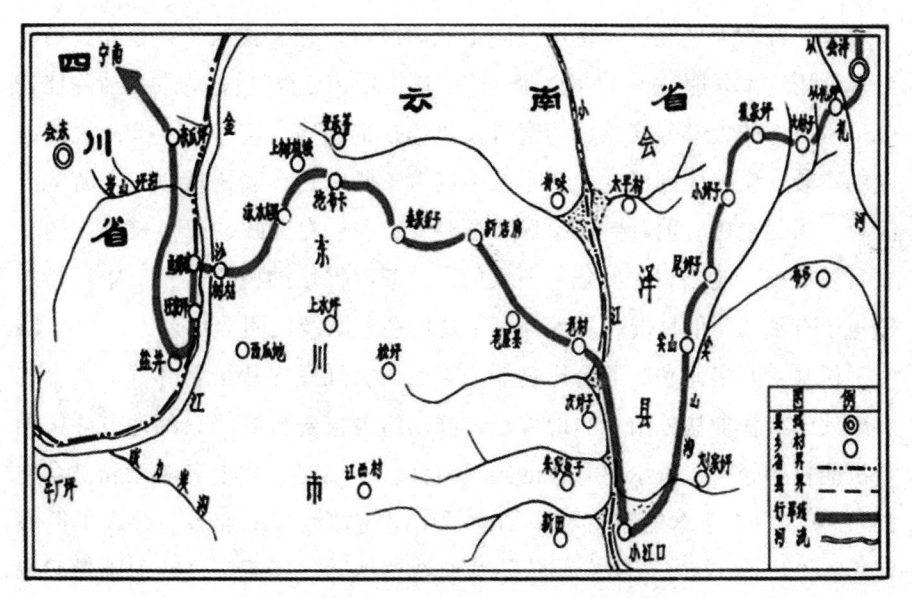

图 5-1　红九军团长征过东川路线略图①

红九军团在占领会泽后，于 5 月 3 日下午派 1 个营和侦察连携带电台，在参谋长郭天民的率领下前往东川拖布卡树桔搜寻船只准备渡江，于第二天下午 4 时赶到树桔。但敌人早有防备，沿江各地已将公私船只全部封禁销毁。属巧家县管辖的金沙江对岸的汪家坪盐井场务所 140 余只卤水盐船也在销毁之列，但汪家坪盐井场务所得令后心存侥幸，认为红军不一定真从此处渡江，若将 140 余只船全部销毁，损失太大，故未全部销毁，只是将树桔、盐井一带零散盐船沉于金沙江中。这为红九军团渡江创造了机

---

① 图片来源：《东川革命史话》，2020 年 1 月 8 日，http://www.kmdc.gov.cn/c/2020-01-08/3884390.shtml，访问时间：2022 年 8 月 13 日。

会。更巧的是，南岸树桔孙老五（孙有良）家的一只破船，由于过分破损，划不到对面的封船处，缉私队于是派人搬石头把船沉在了南岸江底。当红军到达树桔渡江边寻找船只时，得到船工饶顺标的帮助，找到了孙有良家的那只破船。沉船被打捞起来后，在船工张朝兴、王再亮的帮助下进行修补，至夜幕降临时船终于修好。

夜幕降临后，船工饶顺清和红军战士在月色掩护下，小心地将船划到了北岸。红军上到北岸后迅速控制了北岸渡口，并又找到3只小船，当晚红军就用这4只船往返13次，渡过去200多人。过江后，为彻底清除住在几千米以外的大部分守敌，侦察科长曹达兴带领侦察连穿上从会泽民团缴获的军装，化装成国民党中央军，连夜沿羊肠山路奔袭树桔渡口上游的汪家坪。当红军拂晓前赶到汪家坪盐场时，敌人还在酣睡，曹科长以"国军长官要检查"为借口敲开场务所大门，从睡眼惺忪的税警队长口中巧妙地获得了有关江防的情况，接着俘虏了盐场税警队及民团200余人，缴枪28支，税金4万多元和5万公斤食盐。第二天，红军在盐场召开群众大会并将缴获的9仓食盐分给了当地群众，群众纷纷报告藏匿船只的地方并帮助把沉船打捞起来，表示愿意帮助红军渡江。不多时，数十名船工和群众便划着50多只大小木船跟着红军划向了南岸树桔渡口，准备迎接大部队渡江。5日下午，红九军团大部队陆续到达树桔并顺序渡江，晚上则燃起篝火，点亮马灯继续摆渡。6日清晨，全军团3000多人马全部顺利地渡过了金沙江。

红九军团过江后，上游3万多人的红军主力仅凭6条木船从5月3日凌晨起开始渡江。为确保中央纵队一、三、五军团顺利渡江，中革军委命令已过江的红九军团在沿线进行警戒，以保证中央红军后续部队的渡江安全和行军安全。红九军团完成任务后，于5月21日到达礼州与彭德怀率领的三军团会合，中央纵队也已通过彝族聚居区。至此，中央红军完全跳出了国民党军的包围圈，取得了战略转移中具有决定意义的重大胜利。

红九军团长征经过东川，从1935年5月4日到6日，途经拖布卡5个村。一路上，说话、做事亲民的红军很快便赢得了当地群众的信任。

船工饶顺标说："红军来时我藏在山上，看到他们背着枪到我家，我们想一定是坏人，我家鸡、猪肯定被杀。过了好大一会儿，未听见鸡、猪叫，我才认为到我家的是好人，我就回家。红军问明我会划船，于是便请我去帮助找船。我知道前几天敌人封江，有一破船划不到对岸封船处，沉在麻塘湾老鸡石下，我就带他们去找。船沉在水中，船中有石，我下水推掉石头，把船浮上来和红军一起修好后，我就划着这只船送他们到对面，又得到 3 只船，红军就用这些船来渡江。"红军在拖布卡的时间不长，关心群众的事迹却很多，在人民群众中留下了难忘的印象，群众也将红军视为自己的亲人，给予了将士们热情的帮助。有的还积极踊跃地参加了红军。家在播卡的魏永谦，因生活所迫到盐井当盐工，红军占领盐场后，他听到红军干部在群众大会上的宣传后，便与同盐场的 35 位工人一起参加了红军。有的人等在路旁，红军路过时即参加了红军，如家住小江刘家村的唐玉清、拖布卡新店房的毛天培等。因民、落雪、汤丹矿区的一些穷苦砂丁，听说穷人的队伍来了，决心投奔红军。但赶到拖布卡和江边，有的还跑去会泽时，红军却已经走了，这成为他们的终身遗憾，但向往光明的种子已经在他们的心中播种。

（三）党组重建

1938 年夏，恢复重建后的中共云南省委派在昆明读书的党员陆子英等回会泽工作，陆子英又派党的外围组织"抗日民族解放先锋队"队员何汝昌（东川汤丹人）等到新村进行抗日宣传。

为能保障东川矿区正常生产，当时云南省政府给予了东川以汤丹为中心的数十千米矿区范围内"不征兵、不纳粮、不交税"的特区政策，以使东川有足够的人力、物力产铜支援抗战，东川人民也积极投入生产。

抗日战争胜利后，随着革命形势的发展，东川的党组织及革命据点得到重建，革命力量迅速崛起，纷纷组建地方武装。1947 年，随着革命战争形势有利于人民的发展，中共云南省工委按照党中央《迎接中国革命的新高潮》的指示，决定重建全省基层组织。1947 年 8 月 12 日，中共会泽县党支部在昆明成立。次年 2 月，会泽党支部又改为会泽县特别支部，领导会泽、巧家两县党的工作。同年 8 月，省工委又决定成立会（泽）巧（家）中心县委，会泽特支同时存在。现在的东川区域当时分属会泽、巧家两县管辖，党的工作在会泽特支的领导下开展。1948 年初起，会泽特支先后派党员赵绶先、陈斯盛、李应雄、陈正魏、牛宪锟、张德钦、杨盈昌及外围组织成员袁崇礼、李秉刚，通过社会关系以公开职业为掩护到汤丹、集义、紫牛坡3所小学建立据点，到落鹰山秘密开展工作。他们在这里发动群众，积蓄力量，为下一步开展武装斗争和建立革命政权做准备。

1947年9月开始，中共会泽党支部认为新村的集义镇是昆明通往会泽、巧家的一条重要交通线，决定在新村集义及道路沿线的紫牛村设立据点，开展工作。首先派党员赵绶先到新村一带调查，掌握情况后，党组织于1948年2月正式派遣赵绶先和"新民主主义者联盟"成员袁崇礼、李秉刚、张德钦到设在新村的集义小学任教，建立工作据点，在校采取多种形式向学生宣传革命思想。7月，赵绶先回会泽城另有任用，新村据点工作暂告结束。袁崇礼、李秉刚、张德钦因在新村表现突出，被吸收入党，由党组织另行分配任务。紫牛村是当时会泽通往昆明、新村、矿区汤丹的一个重要转接点，位置重要，故而1948年8月，会泽特支派党员李应雄、陈正魏到紫牛村小学教书，以教师的身份为掩护，建立革命据点，秘密进行革命活动。

1948年初，党员陈斯盛到滇北公司保管处下属的汤丹厂当雇员，秘密开展工作。8月，又派党员牛宪锟、张德钦到汤丹小学任教，秘密建立汤丹据点。汤丹的党员为打开局面，首先是从做一个优秀教员入手，得到了家长和学生的好评，逐步扩大社会影响，站稳了脚跟。其次是利用课堂讲授社会发展史，教唱进步歌曲，编演揭露国民党反动统治的活报剧，向学校教师、学生和家长宣传革命知识，使一批教师后来参加了革命，成为游击队的政治干部和地方工作骨干。

汤丹的党组织在联系群众的基础上，积极、隐蔽地发展组织，在矿工和农民群众中以民间社团形式组织弟兄会。经过培养教育，有的"弟兄会"会员转为党的外围组织"青协"成员，后来成为汤丹游击队的骨干。1949年初，汤丹据点已发展"青协"成员12人，"弟兄会"会员近百人，还摸清控制了镇公所和马龙华、马子龙、赵光泽家的30多条枪，其他方面的工作进展也比较顺利，起义条件已基本具备。

1949年5月中旬，中共会巧中心县委派曾在汤丹据点工作的党员陈斯盛到寻甸县马街与边纵三支队联系，要求派部队前往汤丹，协助党组织解放这一地区。三支队随即派二十三团团长李承华、政委甘文忠率一营前往汤丹。部队到汤丹后,在党组织的配合下,包围解除了盘踞于汤丹的李万镒游杂武装,收缴汤丹镇公所、滇北矿务公司掌握的枪械,组建了东川第一支以矿工为主体的党领导的汤丹自卫队,成立了汤丹解放委员会,没收了云南官僚资本资源委员会滇北矿务公司的财产。6月中旬,中共会泽县委为加强汤丹工作,又先后派出一批工作队员来到汤丹,先后建立起了农民翻身会、姐妹会、耆老会、儿童团,汤丹游击队发展到140余人,各村还成立了民兵队。由于工作深入,汤丹解放区日趋巩固,有力地支援了设在新村的会巧边区的工作。

1949年5月汤丹解放后,边纵三支队二十三团接着又专程到落鹰山(现轿子雪山山麓)做团结彝族上层赵仁普的工作。此后,赵仁普率其家族武装来归,扩充为我党控制的落鹰山自卫队。为尽快解决新村(现东川城区)的问题,二十三团领导写信给受过我党影响的集义镇代理镇长朱绍贤。随后,其掌握的武装在二十三团的帮助下,组成了新村地区的集碧自卫队。6月,根据地理条件和形势需要,经三支队和上级党委同意,决定将东川已组建的三支自卫队改称游击中队,选址在具有战略意义的新村后山的祝国寺,成立会(泽)巧(家)边区解放委员会(1949年12月改称"会巧边区行政委员会")和游击大队,使寻甸、禄劝、会泽、巧家新区连成一片。不久,达朵乡、乌龙乡也相继成立游击中队。[①]

会巧边区建立后,党在这里组织发动群众,整训干部战士,培养军事和地方工作人才,开展武装斗争,建立革命政权,指挥有10个中队、800人枪的游击大队连续取得了解放义侠(今因民)、自强(今禄劝雪山乡)、盐井(今属四川会东)、布卡、温泉(今属会泽大海乡)等地作战的胜利。

凭借滇桂黔边纵队的有力支持,东川地方武装在党组织的领导下,很快就解放了东川全境,同时还派出武装力量到外线作战。1949年9月,东川区域战事基本结束后,中共会泽县委根据革命斗争的需要,奉命抽调会巧边区游击大队部分游击队员组建隶属于边纵六支队的护乡三十二团三

[①] 《东川革命史话》,2020年1月8日,http://www.kmdc.gov.cn/c/2020-01-08/3884390.shtml,访问时间:2022年8月14日。

营,三营下辖七、八、九连,近400人。整编后,干部战士在新村经过政治、军事训练后即开赴外线参加作战,参与了鲁甸、寻甸、嵩明、富民、武定、元谋等地的解放斗争,为推动云南和平解放做出了贡献。1950年3月,会巧边区完成历史使命后,游击大队干部战士大都转业地方工作或回乡参加生产,三营的战士则编入会泽县公安队和中国人民解放军系列。

云南广大人民在党的领导下,配合着中国人民解放军的节节胜利,广泛地掀起了反饥饿、反内战、反迫害、争民主、争自由的斗争,并在部分地区展开了游击战争。

1999年8月11日,中共云南省委、省政府确定东川新村(铜都街道办)、汤丹为云南省首批革命老区。2014年,整个东川区又被补充确定为云南省解放战争时期革命老区。

第三节 东川的解放与生产建设

一、解放进程中的矿山

1949年4月,滇东北的天空里露出了黎明的曙光,边区纵队在人民的热烈欢迎与支持下迅速地解放了会泽。矿区人民听到消息后欣喜若狂,纷纷奔走相告,人人脸上泛出喜悦的光彩。

为了解放东川,中共东(川)巧(家)特委决定派遣游击队进入矿区。1949年4月下旬,边纵三支队进入了汤丹,六支队解放了落雪和因民。这件事激动了人们的心弦,矿区沸腾起来了,家家门上贴着标语,男女老少齐集路旁,高呼口号欢迎游击队的到来。住在群众家里的游击队战士为群众挑水扫地,并积极宣传党的政策,号召人民参军,保卫革命果实。通过宣传,群众的觉悟提高了,参军的热潮出现了。为了巩固地方秩序,汤丹、落雪的工人相继成立了自己的武装——游击中队。在各个险要路口,工人们用石头堆砌成堡垒,用竹筒装上炸药当手榴弹,积极保护矿山,严防反动地主、土匪武装扰乱破坏。不久,汤丹老工人主动组织了50多人进硐修理窝路迎头,准备等人民政府一来接管就立即开工生产。

会泽县人民政府在矿区解放后,立即派人运来一批洋芋、苞谷和盐巴发放给群众。同时又用收买民间积存的冰铜、矿石的办法，解决矿工生活上的困难。接着云南省工业厅派来了进行接管工作的代表。由于当时土匪还很猖狂，所以也有公安部队进驻矿区，开展剿匪护矿工作，矿区秩序初步安定下来了。

与此同时，反动派明知大势已去，但他们还拼命地加强反动武装，企图负隅顽抗，同时又利用解放军未到，矿区秩序动荡之时疯狂地进行破坏活动。他们明抢暗偷，大肆盗窃物资器材。伪保管处乘机销毁档案，还想把仅有的一点机器、车床等设备拆运到昆明去。活跃在功山一带的游击队根据党组织的指示，在半路夺回了本来属于人民的财产。恶霸地主炉户赵勋臣有一次带领一批爪牙打进落雪仓库，准备抢劫大铜、钢钎和机器。工人们听到消息后非常气愤，他们拿起扁担、锄头和石块一齐拥进仓库，把赵勋臣等团团围住，不准这帮匪徒抢劫。老工人熊发清愤怒地喊道："器材和铜就是我们的生命，谁要拿走一根钢钎都不行！你们如果要硬抢，我们就和你们拼！"赵勋臣看见工人声势浩大，只得带着他的喽啰夹着尾巴溜了。经过这次事件以后，工人们更加提高了警惕性，白天黑夜都轮班守卫着人民的财产。

1950年，东川残存的反革命分子趁本区域人民武装大部分外调执行任务，境内兵力空虚之际，以"抗粮"为借口，反对正在开展的减租退押征粮工作，煽动暴乱。从5月起，东川境内相继发生土匪暴乱，遇害的干部群众达20余人，布卡、义侠、乌龙3个乡政府曾一度被土匪攻陷。发生暴乱的地区多属寻（甸）、禄（劝）、会（泽）、巧（家）四县接合部。这些地方封建势力根深蒂固，有的地主恶霸又是国民党的贪官污吏，他们独踞一方，欺压人民；虽然建立了新政府，但他们却暗通土匪，坐地分赃，集官、绅、匪为一身。暴乱发生后，中共会泽县委迅速建立了剿匪指挥机构，各区乡也成立了剿匪委员会，人民解放军和地方武装协同作战，陷敌于处处挨打的局面。平乱期间，共歼灭土匪及地主武装1600余人，使东川境内的匪患很快得到了平息。匪患的清除，保卫和巩固了东川新生的革命政权，为东川国民经济的恢复和东川铜矿的大规模勘探及建设打下了坚实的基础。

为巩固新生的革命政权，东川地方武装在党组织的领导下，又与不甘失败的国民党残余势力、土匪武装进行了殊死斗争，最终巩固了人民政府。在中国共产党领导下，东川各族人民先后进行了减租减息、清匪反霸、镇压反革命、土地改革等民主运动，巩固了新生的人民民主政权，完成了对农业和私营工商业的社会主义改造，建立了社会主义制度。此后，东川的社会主义建设，虽然经历了各种曲折，却仍在克服困难和纠正错误的进程中探索前进，总体上是向前发展的，也取得了不小成就。

二、建立新的生产秩序

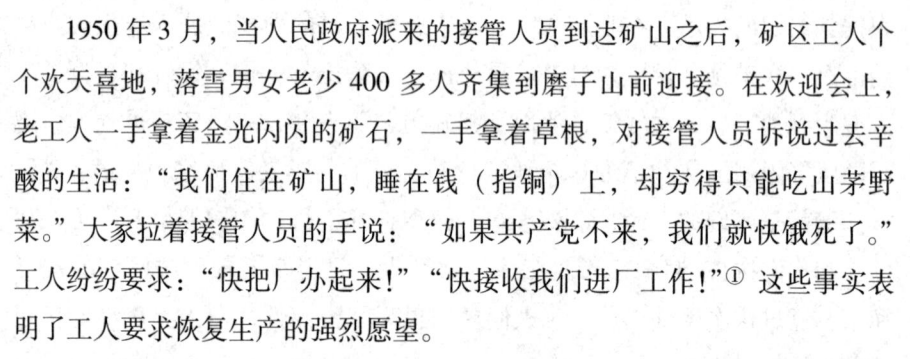

1950年3月，当人民政府派来的接管人员到达矿山之后，矿区工人个个欢天喜地，落雪男女老少400多人齐集到磨子山前迎接。在欢迎会上，老工人一手拿着金光闪闪的矿石，一手拿着草根，对接管人员诉说过去辛酸的生活："我们住在矿山，睡在钱（指铜）上，却穷得只能吃山茅野菜。"大家拉着接管人员的手说："如果共产党不来，我们就快饿死了。"工人纷纷要求："快把厂办起来！""快接收我们进厂工作！"① 这些事实表明了工人要求恢复生产的强烈愿望。

这时矿区人民的生活还比较苦，人民政府一面继续采取以工代赈的办法，组织一批力量清理旧硐废硐，并在一年内采取各种措施，逐步调整与提高工人的待遇；一面继续进行救济工作和收买冰铜、矿石。同时，还根据因地制宜的精神，先后在汤丹、落雪组织工人冶炼出200多吨粗铜，卖给铜线厂，以维持工人及其家属的生活。

8月，中央重工业部有色金属管理局抽调地质、采矿、冶炼、机电及公路建设等方面的胡祎同、贺晋璋等10余名工程技术人员到东川，在落雪成立东川铜矿工作组，对东川矿区进行详尽勘察。东川采矿工程师励润生等4人编写了《东川铜矿开发意见书》，并对即将修建的东川铜矿公路选线等提出建议。10月，军事管制结束，各冶金企业分别交由中央重工业部和云南省政府工业厅领导。

与此同时，随着国家经济建设的全面展开，要求东川铜矿加快建设步

---

① 东川铜矿史编辑委员会：《东川铜矿史》，云南人民出版社1961年版，第85页。

伐，以满足国家对铜的需求。为了加快矿区的恢复工作，并积极为开展建设工作创造条件，中央重工业部从北京调来干部，批准物资，以支援建设。

1951年3月，中央重工业部派谷佑箴等人到东川筹设新型铜矿。4月，《东川铜矿开发意见书》经中央财政经济委员会批准，东川铜矿开发被列为"一五"时期156个全国重点建设项目之一。5月10日，东川矿务局筹备处正式成立，谷佑箴为主任，胡祎同为总工程师，励润生为副总工程师，筹备处下设基建、计划等6个科。铜矿公路动工修筑。

1952年8月，国家从东北地区抽调干部并分配大中专毕业生到东川参加铜矿建设。10月，经中共云南省委批准，成立中共东川矿务局委员会。12月，经西南军政委员会批准，成立东川矿务局，岳肖峡任中共东川矿务局党委书记、局长，谷佑箴任副局长。

为加速矿山建设，云南省人民政府动员了6万多民工，历时1年10个月，于1953年2月修通了从嵩明县羊街至因民全长243千米的铜矿公路，使矿区结束了没有公路，运输全靠人背马驮的历史。1951年开始，政府除扩建落雪三江口水力发电站外，还建成因民、黄水箐2座水力发电站和落雪卷草沟、汤丹、九龙3座柴油发电站，为大规模的地质勘探和基本建设打下了良好的基础。

此外，矿区开始了第一批土木建筑工程。全体职工遵循着党的"增加生产，厉行节约"的指示进行工作，先后建成了机修厂、材料库、压风机房、职工宿舍、办公大楼、医院、食堂、三江口水电站和因民水电站，高大的楼房逐步代替了过去稀稀落落的烂茅屋，矿区的面貌开始发生变化。

三、大规模的生产建设

从1953年初开始，矿山的生产建设就在原有的基础上逐步发展起来，党和政府向矿区提出的主要任务首先是探清资源，早日提交国家所需要的工业矿量，以便为开采出铜提供条件。要进行大规模的探矿工作，又必须解决运输、人力和供电问题。由于铜矿公路的修建和人员的大量调集，运输和人力问题已经初步得到解决，但电力供应上还存在着困难，恢复时期所修建的三江口、因民2个电厂，发电量远不能满足大规模探矿工作的需要。因此，从1952年底起，国家就筹划在黄水箐建设较大的水电站，随即制定了规划，调集了施工力量和建筑器材。1953年4月1日，黄水箐电站正式开工。矿区附近的农民弟兄大力支援了电站的建设工程，他们纷纷组织起来帮助运送建筑器材，东北、华中和昆明石龙坝等电厂都抽出设备和技术工人来帮助建设。在广大农民和各单位的大力协助下，电站建设工程进展很快。

  同时，东川铜矿正式开始大规模的地质勘探。中共云南省委加强对矿山建设的领导，抽调大批得力干部到东川，重工业部也从全国各地调来大批专业技术干部、工程技术人员和钻探工人，矿区职工猛增至1万人。刚成立的中共东川矿务局党委、东川矿务局组织领导，于百里矿区展开场面宽阔、声势浩大而又艰难繁重的"万人探矿"活动。当时东川铜矿曾提出"探采并进""大探小采""先探后采"3种方案，经中央财政经济委员会和重工业部决定，东川在第一个五年计划期间的勘探方针是"大探不采"，要求集中全力探清资源，提出储量报告，为大规模的建设做好准备。在此方针的指导下，矿区的探矿工作也在原有的基础上不断地扩大起来。地质队员们背着仪器，携着帐篷，带着干粮，登上寒风刺骨的高山，踏进灼热的河谷，在金沙江以南矿区的广大范围内，为寻找长眠在地下的宝藏而紧张愉快地劳动着。钻探工人们在平地上竖起了钻塔，日夜不停地守候在站探机旁，各个矿场开始扩大新的工作面，开辟新的坑口和清理老硐。在完成这些艰巨的任务中，工人们表现出了高度的英勇顽强精神。尤其是老硐的清理工作，环境非常艰苦，但这些困难却挡不住工人们建设社会主义的雄心，像因民的"月亮硐"、汤丹的"洋人硐"等曾经被地主、资本家和帝国主义分子掠夺后抛弃的硐子，都在翻身后的工人手里获得了新生。

  在向工业化进军中，地质勘探是尖兵。在总路线精神的指导下，中共云南省委于1954年初召开了地质工作会议。这次会议强调，要加强党对地质工作的领导和广泛发动群众，给地质工作指出了明确的方向，并指出了获取矿量的具体道路。省委地质会议后，东川矿务局于1954年1月召开了勘探设计会议，具体贯彻省委地质会议精神，讨论1954年的勘探设计部署，并吸收全局地质人员和施工部门的基层干部参加，以贯彻勘探工作的群众路线。

勘探会议以后，党加强了对勘探工作的组织领导，把原来只管钻探和地面工作的地质队，同局属各矿合并，成立了矿队合一的地质勘探队（301队），设立了政治处，充实了党政工团的各级干部。省局的两次地质会议加强了党对地质勘探工作的领导，在原则方针上给矿区的探矿工作指出了方向，为勘探工作的顺利开展打下了坚实的基础。不久，苏联专家工作组来到矿区，对蕴藏的矿量给予很高的评价，并提出了一系列的建议，解决了不少重大的技术问题。

矿区党委号召全体职工立即动员起来，投入战斗，并抽调了120多个干部组成多个工作组，深入基层贯彻党委指示。行政部门也加强了计划管理，在各矿、坑推行"区域责任制"；工会根据"全总"指示，发动群众，开展以技术革新为主要内容的劳动竞赛；青年团组织青年工人提出保证搞好工作，并号召青年在探矿中发挥突击作用。

矿区的探矿工作受到中央和各方面的关怀和支持。中央重工业部增拨了勘探费用；中共云南省委和西南冶金局也派工作组前来指导；东北和云南各兄弟厂矿派来了工人，运来了钻机；东川附近地区的农民，听说矿山要大探矿，欢欢喜喜地送来了自己的子弟。

在党的动员和组织下，一支庞大的地质勘探队伍散布在矿区各地，开始了向自然界的伟大进军。在金沙江以南、小江以西、普渡河以东、雪岭以北的广大地区里，都有勘探队伍的足迹。声势浩大的探矿热潮蓬勃地向前发展，职工们在夺矿大战中干劲十足，探矿成绩与日俱增。

为了加速东川的探矿工作向前发展，以便按时向国家提交急需的矿量，中共云南省委于1954年7月召开了扩大会议，对东川矿区党委的工作进行了检查，会上通过了《检查东川矿区党委工作的意见》。中共云南省委7月的指示肯定了东川矿区在发动群众展开大规模勘探工作和执行苏联专家建议的工作中所取得的成绩，同时指出了存在的缺点和错误，主要表现出有忽视党的领导和缺乏依靠工人阶级的思想。会议对矿区今后的工作做了具体的指示。矿区党委在贯彻党的七届四中全会决议的基础上，学习了中共云南省委的指示，检查、总结了工作，探矿工作迅速地发展。为了保证工程的质量和进度，全矿加强了作业计划，建立了一系列的技术责任制和操作规范。由于技术管理工作的加强，学习和提高技术的风气席卷了整个矿山。矿区办了各种训练班，训练了 100 多个机班长。边干边学的班前会、班后会到处都在举行，观摩和交流经验也在火热地进行。

为了获得更多的矿量，矿区还集结了地面地质力量，寻找更多的勘探基地。地质队员们热情地投入探矿战斗，他们翻过危岩峭壁，穿过深渊狭谷，把红旗插上了几千米高的山岭。

1955 年 8 月，在矿区党委的领导下，成立了地质储量报告书编辑委员会。一支 300 多人的队伍组织起来以后，担负着总结东川全矿区职工几年来辛勤的劳动成果的任务。中央和各兄弟厂矿都关心矿区地质报告书的编写，中央有色金属管理局、鞍山钢铁公司、西南地质局和昆明勘探公司都派来了工程师、水文地质人员和描图人员。苏联专家也到矿区来帮助总结成绩，他们对报告书的编写提出了许多宝贵意见，编写后又做了详细的校阅和检查。经过两个多月的时间，地质报告书编写好了，矿量算出来了。于 1955 年 10 月提交了矿区第一期地质储量报告书。该报告于 1956 年 1 月得到国家地质矿产储量委员会的批准。1957 年又提交了黄草岭向斜区域包括白锡腊、滥泥坪、小水井、绿石棚等矿区和老区的第二期地质储量报告书。在 1953 年至 1957 年的第一个五年计划期间，东川铜矿的建设主要借鉴苏联经验。勘探工作在苏联专家的指导下，经中国专家和矿区职工的艰苦努力，超额完成第一个五年计划期间国家下达的铜金属量勘探任务。

在进行大规模地质勘探的同时，矿区开始着手进行建厂设计方案的前期工作。1956 年 8 月 10 日，国务院以"国周字 35 号"文件批准《东川矿务局设计任务书》，列入全国 156 个重点建设项目之一，并决定向东川矿务局投资建成年产精矿含铜 5.5 万吨的大型采选铜矿山。当时东川铜矿建设的整体项目，包括以礼河电站、东川铁路支线和云南冶炼厂。东川铜矿的建设方案曾发生"集中建厂"和"分散建厂"之争。1956 年初，苏联专家提出东川铜矿应集中建设一个采选冶联合大型企业的建厂方案，厂址拟设新村，设想把因民、落雪、汤丹、新塘、石将军等各个矿区的矿石，用 9 条长距离索道运往选矿厂集中处理。但由于东川地形复杂，全套设备又需从多个国家分别进口，许多技术问题难以解决，且投资大、建设周期长，因而这个方案未能确定。

1957 年，中共中央和毛泽东主席在南宁会议上提出经济建设要大、中、小结合的方针，当时冶金工业部和东川矿务局都觉得大、中、小结合的方针符合东川矿山建设的实际情况。冶金工业部部长王鹤寿、副部长吕东、部长助理高扬文及云南省副省长郭超亲临东川调查，对铜矿建设做了"缩短运输距离、节约投资、增加产量、加快建设速度"的指示，并责成北京有色冶金设计总院拟制依随矿区分散建设采选厂的方案。1957年11月，该院同苏联有色冶金部有色冶金设计院共商确定，东川铜矿按分散建厂方案建设因民、落雪、汤丹、滥泥坪、新塘、白锡腊、石将军等7个采选厂，厂址就地选择，设计工作由全部国外设计改为中苏2个设计院共同承担。

　　1958年，在全国"大跃进"形势的影响下，虽然东川铜矿基本建设的准备工作尚未完全就绪，但仍于同年7月1日全面拉开大规模基本建设的序幕。因民、落雪、滥泥坪、汤丹、新塘、白锡腊6个矿，以及因民、落雪、滥泥坪、汤丹（浪田坝）4个选矿厂，同时破土兴建；石将军、人站石2座矿山以及新塘选矿厂也筹建动工。当时开工的工程有总长2500米的8条竖井、总长2.6万米的14条平巷，以及总长160多千米的矿区内部公路支线和施工便道。职工人数骤增到2.7万人。浩大的基本建设队伍奋战在海拔2400～3200米的高山上，同风雪严寒、坑内特大涌水、岩石破碎、冒顶等重重困难进行搏斗，克服了生活用品匮乏和种种施工技术上的困难。但是，当时战线拉得太长，摊子铺得过大，又抽调大批劳动力参加土法炼铜，正常的矿山生产、建设秩序被打乱，造成不应有的失误和损失。

　　1959年，为贯彻中共中央"集中兵力打歼灭战"的基本建设方针，东川及时缩短战线，相继停建汤丹、新塘、白锡腊、石将军、人站石等矿山及汤丹、落雪2个选矿厂。1961年，东川的基本建设进一步压缩，基建投资由1960年的6220万元减至2021万元。落雪采选厂只继续掘进海拔3000米运输主平窿，其余工程全部停建缓建，整个矿区集中力量建设因民和滥泥坪2个采选厂。因民、滥泥坪2个采选厂分别于1960年5月和7月相继建成，从此东川矿务局由基本建设时期转入边建设边生产时期。但在建设过程中，由于考虑不周，忽视了矿山能力的配套建设，生活设施欠缺太多，投产后，未能形成采选配套生产的能力。经1964年"填平补齐"后，采选综合能力才基本协调。①

四、思想革命运动的开展

1950年12月，矿区人民在党和人民政府的领导下，展开了声势浩大的镇压反革命运动，将罪大恶极、怙恶不悛的现行反革命分子依法予以逮捕并给予应得的处分。这次运动大大提高了群众的政治觉悟，大家纷纷表示一面要加紧工作，一面还要提高警惕，严防敌人的破坏活动。

为了铲除旧社会遗留下来的贪污、浪费、官僚主义的余毒，反对资产阶级思想的侵蚀，发扬艰苦朴素的革命传统，树立勤俭节约的新风尚，从1952年初开始，全国范围内展开了轰轰烈烈的"三反"运动。广大工人积极响应党的号召，对贪污分子进行了坚决的斗争。在工人的积极参加下，矿区"三反"运动取得了很大的成绩，工人们当家做主的思想大大增强，工作的积极性大为提高，全体干部受到一次深刻的教育。

1952年12月起，全矿区又开展了民主改革补课运动。在党的领导和职工群众的努力下，民主改革补课运动取得了显著成绩。这次运动破获了一批反革命组织，清除了一批反革命分子及其暗藏的枪弹武器，大大纯洁了工人队伍，并使矿区职工受到了一次深刻的阶级教育，提高了政治觉悟。在进行生产和完成民主改革补课的同时，全矿区抓紧组织队伍，展开了劳动保险登记，目的是正确地贯彻《劳动保险条例》，提高职工的阶级觉悟和纯洁工人阶级队伍。在党委的领导下，各矿召开了职工代表大会，进行了广泛宣传教育。经过正式填表登记阶段以后，各矿区先后召开了团结会、敬老会，正式宣布实行《劳动保险条例》。1953年2月到5月，职工中的积极分子猛增一倍以上，许多工人申请入党入团，2000多名新工人加入了工会。根据这种情况，党委及时开办了训练班，进行建党工作。为了加强对青年工人的工作，青年团东川矿务局工作委员会于1953年4月成立。在劳保登记结束以后，全矿区进行了工资改革，废除了旧的工资制度，实行了新的工资制，提高了工人学习技术、发展生产的积极性。各单位还办了技术训练班，工会和青年团大力组织新、老工人签订师徒合同。

---

① 东川矿务局：《东川铜矿志》，云南民族出版社1990年版，第5-7页。

在各级组织和老工人的培养关怀下，许多新工人很快就掌握了技术。

1953年夏季，根据上级党委的有关指示，在矿区党委的领导下，东川全矿区开展了一次轰轰烈烈的"反浪费，建立责任制"运动。各矿区都召开了职工大会，反复向群众讲解生产改革的重大意义。反浪费运动在建筑工地上开展得特别热烈。由于建筑工地上的工人有一定的流动性，容易产生临时观点，领导特别注意运动中的思想工作，组织工人算三笔账——质量账、节约账、浪费账，使工人认识到浪费对国家损失有多大，节约对社会主义建设有哪些好处，质量不好会带来怎样的后果，并发动工人进行新旧对比。当问题被揭发出来以后，大家热烈响应党的号召："人人动手，堵塞漏洞。"为了克服工具管理上的混乱，因民一号坑实行了"工具挂牌制度"，保证了工具及时供应，避免了窝工。各个职能部门也都相继建立了必要的规章制度，首先是制定了"职责条例"，规定了每个部门和每个干部的具体职责，克服了无人负责的现象。其次是建立了作业计划和调度工作制度，修订了各种定额，按月按日编制计划，用计划指导生产。对于材料领退、设计审查等也都建立了专门制度。通过"反浪费，建立责任制"运动，不仅给全矿职工一次很大的教育，使他们初步树立了计划观念和节约观念，而且还提高了企业管理水平，加强了计划管理，建立了一些必要的责任制度，促进了全矿区工作的开展。从1953年4月开始，全矿区展开了增产节约劳动竞赛，生产纪录不断刷新。

通过以上一系列的运动，全矿区扫除了各种障碍，巩固了矿区的秩序，纯洁了工人队伍，职工的阶级觉悟和政治警惕性普遍得到提高，劳动热情空前高涨，为东川矿区的大规模建设工作奠定了良好的基础。

五、矿工新面貌

随着生产建设的发展，矿区的工人阶级队伍迅速成长壮大。这支队伍中，既有从东北调来的钻探能手，也有在西南各地招来的青年农民，大家都齐聚一堂，紧紧地团结在党的周围，为建设东川、建设祖国进行着辛勤劳动。在东川解放后历次政治斗争和生产斗争中，全矿区职工都受到党的不断教育，阶级觉悟和组织性有了很大提高，涌现过许多英雄模范人物，创造了不少新纪录，提出过成千上万的合理化建议。经过各级组织的耐心培养和老师傅们的热情帮助，大量的技术工人成长起来了。职工思想觉悟和技术水平的不断提高，又推动着生产建设的迅速发展。

东川解放后，矿区工人的政治地位有了根本的改变，从前被地主、资本家残酷剥削的奴隶，变成了矿山的主人。经过党的长期培养和教育，有不少工人提高了阶级觉悟，光荣地参加了中国共产党。由于党对青年一代的培养和关怀，共青团的队伍也不断扩大，矿工的政治地位有了根本的改变。工人们唱道："红旗飘飘遍地红，解放前后大不同；过去工人似牛马，如今当了主人翁。"工人有了自己的工会，通过职工代表大会参加了企业的管理活动。从讨论制订生产计划，具体执行生产计划，一直到最后的总结评比，党都是发动和依靠工人群众来进行的。矿山的整个生产活动，也就是工人群众自己的活动。大量工人被提升为干部，直接担负起管理企业的责任。在局属各矿的全体干部中，有273名是东川解放后从工人中提升的，其中26人还担任了坑长以上的职务，历年矿区的选举中都有工人当选为省市人民代表和人民委员会委员。1954年的省级人民代表中，矿区工人代表就有2名；1956年第二次普选后，有16名工人当选为省市级人民代表；1958年第三次普选，市级工人代表扩大为25人，其中2人被选为人民委员会委员。他们都是群众满意和爱戴的先进人物。[①]

东川铜矿恢复和建设的过程中显示出了社会主义制度一个很大的特色，就是党和国家对劳动者健康和安全的重视。安全生产，保护职工健康，是社会主义国营企业内的根本问题之一。根据中央的指示，矿区领导采取了各种措施，不断加强劳动保护工作，逐年增加这方面的经费，经常进行安全生产教育；并制定安全技术措施计划，大力推行先进的爆破手专责制与放炮放哨、三线断路、安全引线等规程，基本上消灭了爆破时的重大伤亡事故。第一个五年计划期间，全矿区展开了三次全面性的安全大检查和几次季节性的检查，安全生产的先进单位和个人都受到了表扬。

由于党和国家的重视，矿工的劳动条件不断地得到改善，新的生产技术和生产设备大量使用，窄小的坑道加宽了，消除了人背手掘的落后生产

---

① 东川铜矿史编辑委员会：《东川铜矿史》，云南人民出版社1961年版，第125页。

方法。坑道里用电灯照明，用运碴车把矿石从轨道上推出来，坑探和钻探都大量使用机械进行。矿区还进一步采用了除尘措施，达到了国家的要求，消除了矽尘对工人健康的危害。党所进行的这些工作取得了良好的效果。

在发展生产的基础上，矿工们的物质文化生活水平不断得到提高。第一个五年计划期间，矿区经过两次工资改革，职工的收入逐年增加，物质生活得到很大改善。矿区的集体福利事业有很大发展，国家每年支出大量劳动保险和生活福利费。从 1953 年到 1957 年，劳保金支出 22 万元。以 1956 年为例，国家开支在劳动保险、医药卫生和生活福利方面的费用，就相当于职工工资总额的 14%。在坑内工作的职工，每年都要检查一次身体，有病的就送去疗养，使他们得到必要的医治和照顾。汤丹在 1957 年建立矽肺病疗养所 1 所，业余疗养所 2 所，专门治疗患矽肺病的工人。有些初期患者就被送到昆明白鱼口省工人疗养院疗养。身体不大好的工人，在营养食堂开伙，1956 年就有 1000 多工人吃营养伙食。矿区还有一个牛奶站供应牛奶给矿工。[①]

东川解放前，工人生病无钱医治。东川解放后，东川的医疗事业发展很快，工人看病都是公费治疗。1952 年，矿区有卫生所 1 所。1954 年成立了医院，开始接收病人住院。此外，还有 10 多个卫生所和医务室。到 1957 年，医院更加扩大，已经具有一定的规模：医务人员达到 150 多人，分设内、外、妇、五官、口腔、理疗、小儿、X 光等科，病床有 65 张。到 1958 年，又增加了中医，病床加到 106 张。[②]

党和国家不仅关心矿工本身，同时也非常爱护工人的后代。1956 年矿区成立了 3 所托儿所，到 1958 年有了很大发展，仅汤丹就有 24 所托儿所、3 所幼儿园、11 个托儿站，矿区职工的子女受到周到的照顾和良好的教育。矿区的教育事业也有迅速发展。1953 年有小学 5 所，到 1957 年增加到 66 所，学生有 7000 人，其中工农子女占 80% 以上。1955 年，东川成立

[①] 东川铜矿史编辑委员会：《东川铜矿史》，云南人民出版社 1961 年版，第 128 页。

[②] 东川铜矿史编辑委员会：《东川铜矿史》，云南人民出版社 1961 年版，第 128 页。

了中学，学生有54人，到1957年增加到186人，工农子女占75%左右。

从1955年起，矿区开展了扫除文盲的工作，每年都有几百工人摘去文盲帽子，能够读书看报写字了。1956年开始，举办了职工业余文化学校，成千的职工在学校里学到了文化知识。

由于新工人不断增加，矿区对职工的住宅问题相当重视，每年都拨款建盖。从1951年到1957年，建筑了53000多平方米的住宅，其中仅五年计划时期就建筑了46000多平方米。东川矿区主要的汤丹、落雪、因民等地，从过去只有几条破街，到盖起许多幢新式的办公大楼外，还有很多的职工住宅。

东川解放前矿工牛马般的生活永远一去不复返了，矿工的政治、经济和文化生活面貌发生了根本性的改变。文体活动的普遍开展，使矿区的生活更加丰富多彩，对职工的身体健康和劳动热情起到了很大的促进和鼓舞作用。生产不断发展和生活逐步改善，工人们以万分激动的心情感谢党的关怀，并用劳动建设着美好的明天。工人们高歌："鸟靠树枝鱼靠塘，百花开放靠太阳。幸福生活哪里来？全靠党和毛主席。"[1]

---

[1] 东川铜矿史编辑委员会：《东川铜矿史》，云南人民出版社1961年版，第130页。

历史的回望

1958年历史系工矿史调查是对党的教育方针和"厚今薄古,边干边学"的实践,它无疑是带有时代色彩和局限的,但其意义也是明显的。

第一,这次工矿史调查与编写继承了历史系田野调查与文献结合的传统,继续史学研究中书斋与田野二者结合的研究路径。书斋里勾画研究对象的历史轮廓,田野中增添研究对象的血肉真实,从书本描绘的人到现实生活中鲜活、具体的人,通过对历史事件的历史现场调查与体验,对经历者的访问,对民间诗与歌谣的搜集整理,结合文献资料的记载,书写出劳动人民的历史,更完整和真实地保存与呈现了历史多个维度的景象,形成了一批有价值的工矿史史料。

第二,编写出了一系列工矿史成果,保存了一批个旧、东川乃至云南冶金历史发展等方面的史料。1958年"史学革命"运动下群众大规模的写史运动,动员了大部分工人与民众参与讲述、写作自己的历史,彻底打破了过去的帝王将相史和只有专家学者才能记录历史的情况。这批资料不仅梳理了新中国成立之前的工矿史,还记录了新中国第一个十年的艰难发展与取得的成绩,为20世纪50年代云南工人、矿业、工厂研究提供了宝贵资料。同时,这一份资料作为中国马克思主义史学广泛传播和深入发展时期及教育方针指导时期的产物,对马克思主义史学在中国历史学教育方面的研究也具有重要意义。

第三,为史学的发展提供经验和教训。云大历史系师生们的工矿史调查与编写工作,虽具有时代的局限性,但无疑为这一领域积攒了经验。"写工人阶级的历史是一件大事,也是一件新事,当我们开始工作时,没有一本可供参考的样本,也没有一套可供效法的经验,特别是参加写作的人,主要都是同学和老师,对工矿的生活不熟悉,政治理论水平有限,只好一边摸索一边前进。对许多问题的认识是逐渐由浅入深,由表及里,由不明确到明确。因此，虽然取得了较大的成绩，但也走了一些弯路。"① 从摸索中开展，到形成这批资料，为后学提供了具体的研究事例，同时也表明教学、劳动与写作齐抓在具体实施中存在的困难。

第四，回顾历史，展开今昔对比，在实际的变化中对矿山的职工和师生进行了爱国、爱党教育。在访问工人、写回忆录和通过连环画、照片、实物等进行"矿工生活史展览"的过程中，工人们想起旧社会受到的剥削压迫，有些老工人在看展中就自动向解说员诉说自己从前的悲惨经历，有的老工人还穿上过去的烂衣服，戴上破毡帽，一面表演过去矿工"蚂蟥伸腰"一般爬进小而黑的硐子里去采矿的情形，一面唱着反映矿工悲惨遭遇的歌。② 工人们在新旧生活的对比中都颇有触动，阶级觉悟也在这个过程中有了很大提高，正如工人反映的："不知当年苦，怎知今朝甜。""回忆过去，看今天，展望将来乐无边。""工厂史使我们对旧社会更加仇恨，对新社会更加满怀信心。"③ 这体现了工厂史作为工人阶级自我教育的革命教材的作用，从而对于生产的推动也发生了良好的影响。正是因为厂史有这样的作用，所以个旧老厂和选厂都把工人回忆录和厂史的有关章节选入了工人文化课本、政治课本，对工人进行学习教育。师生们也在调查、访问和写作过程中对过去剥削阶级的罪恶有了较深刻的认识，对于中国工农阶级的苦难有了进一步的了解，真切了"解放"这两个字对工人的重大意义。"他们说过去在书本上学到的知识是概念化的，对问题具体深刻认识不够。同学说：这次可不同了。"④ 同时，师生们通过生产劳动中的亲自接触、感受、学习工人的优秀品质，理解工人对党的真诚、衷心的热爱与拥护。

第五，学生在锻炼中迅速地成长起来了。过去有很多学生没有出过学

---

① 云南大学历史系三年级：《编写"东川铜矿史"的初步总结》，云南大学档案馆，1958 - Ⅱ -22，第126页。
② 云南大学历史系三年级：《编写"东川铜矿史"的初步总结》，云南大学档案馆，1958 - Ⅱ -22，第128页。
③ 云南大学历史系：《云南大学历史系四年级在个旧四个半月工作总结（初稿）》，云南大学档案馆，1958 - Ⅱ -22，第137页。
④ 云南大学历史系：《云南大学历史系四年级在个旧四个半月工作总结（初稿）》，云南大学档案馆，1958 - Ⅱ -22，第138页。

校大门，不知道怎样做群众工作，而这次在矿山上，他们大多独当一面地进行调查访问，整理资料，编写回忆录和厂史等工作，对他们独立工作能力的培养起了一定作用。编写初稿时，他们对于如何分析问题、运用史料都存在很多问题，通过交流、学习、修改，有了很大进步。实际的调查写作，可以训练学生观察搜集资料、整理资料、编写提纲和进行写作的能力。同学们通过四个月左右的矿山实践，锻炼了自己，也看到了自身暴露出来的弱点，明确了努力的方向。"实践知识缺乏，理论知识也不足，必须加强马列主义学习，体力劳动还需要锻炼，写文章也还需要努力。这就要求我们每一个同学，必须戒骄戒躁，正视自己，加强思想锻炼，为把自己培养成完全的有社会主义觉悟和有文化知识的劳动者而努力。"[①]

第六，工矿史调查与编写的开展，对传播、践行马克思主义新史学具有重要意义和作用，促进了马克思主义的传播、普及和人们思想意识的转变。通过写作，学生更深刻地领会到唯物史观的内涵。旧史学受到了沉重打击，广大史学工作者经受了锻炼，马克思主义历史科学扩大并巩固了阵地，在不断斗争的胜利中得到了发展。"在群众性批判运动的巨大威力下，资产阶级思想体系进一步败下阵去，而学术界也更加繁荣了。学术新著的大量涌现，老的学术工作者进一步接受了马克思主义，新的一代迅速地成长起来了。"[②] 同时，通过思想改造和批判斗争确立了马克思主义的历史科学方向，这也是我国史学界发生的最根本、最重要的变化。[③]

同时，不能否认的是这一运动原本是为了促进史学的发展进步，巩固和发展马克思主义史学，但结果也呈现出消极、不利的一面。

第一，在具体实践中，由于政治、社会以及学术的不成熟，最终滑向了政治化，师生的正常教学研究受到影响。学校对实践作用的过分强调，为学生安排过多劳动，加上科研任务，使教学课时难以保证，对教学工作的正常开展产生了极大的负面影响。四年级在工作总结中说："在个旧矿

[①] 云南大学历史系：《云南大学历史系四年级在个旧四个半月工作总结（初稿）》，云南大学档案馆，1958 - Ⅱ - 22，第 147 页。

[②] 杜学霞：《史殇：二十世纪五六十年代的史学研究》，国家行政学院出版社 2013 年版，第 5 页。

[③] 邓广铭等：《十年来的中国史研究概述》，《光明日报》1959 年 10 月 29 日，第 6 版。

山的前三个月里,仅用大约1/3的时间,完成了差不多相当于过去一学期的教学任务。"一个月完成一个学期的学习安排,并且"教学质量也有一定的提高"①,这点显然是夸大了的。东川的学生为了完成矿史,进行调查访问,曾停课两次。② 课程教学、劳动与科研三样齐抓带来的压力使师生都无法专注于历史教学,对这一时期云南史学人才的培养造成了不利影响。

第二,教学科研中片面追求速度,忽略质量。以学生为主体大写大改讲义,在个旧的同学修改了两门课程讲授部分的讲稿10多万字。这不仅不能保证教材的质量,也挤占了学生为数不多的时间。教学追求快,如"提前一个月完成教学计划",更是将课程进度看作速度比赛,把过去32小时的教学内容节省至10小时差10分③,忽略了教学的根本。

第三,教师负责课程的安排也存在不合理现象,和四年级学生一起到个旧工厂的"是两位过去没有开过课的年青教师,这次在党的领导下,他们不但开出了自己原来计划担任的课,而且世界史教师开出了中国史及哲学课,中国史教师也开出了世界史及哲学课"④,这样的课程安排也影响了学生在本来就不充足的学习时间里学到的知识质量。

第四,工矿史的写作中存在模式化的情况。1958年作为全国马克思主义唯物史观学习的高潮阶段,马克思主义史学研究还较为生硬,表现在工矿史中,就是呈现出教条主义和绝对化特征。这些作品大多以阶级斗争为主线,出现的所有矿工都为被剥削后敢于反抗资本家剥削的形象,开办厂矿的人则都是黑心凶恶的豺狼虎豹的形象。写云南解放前的工矿史,"除了深刻的揭露工人阶级受压迫受剥削的情况外,更重要的是应该描绘工人阶级在党的领导下成长壮大起来,如何向资本家展开英勇的斗争。所以,

---

① 云南大学历史系:《云南大学历史系四年级在个旧四个半月工作总结(初稿)》,云南大学档案馆,1958 - Ⅱ - 22,第133页。

② 云南大学历史系:《历史系三年级自1958年11月至1959年3月的教学工作总结》,云南大学档案馆,1958 - Ⅱ - 22,第108页。

③ 历史系讲师赵瑞芳:《是教学革命,也是思想革命——在教学革命中我所体会到的》,《云南大学》1960年4月26日,第3版。

④ 云南大学历史系:《云南大学历史系四年级在个旧四个半月工作总结(初稿)》,云南大学档案馆,1958 - Ⅱ -22,第134页。

一部工矿史是一部叙述工人阶级产生、成长、壮大的历史，是一部揭露黑暗歌颂光明的历史"[①]。同时，不论是个旧和东川的厂矿史，还是云南冶金史，内容大都集中在各个时期的形式特点、敌我力量的对比及变化、群众斗争的组织形式和斗争方式、重要斗争的经过及结果、党的路线方针政策五大方面。[②] 由于时代等的局限，这些工矿史的内容难免出现偏颇与失当的情况。

历史学离不开资料的收集与对历史的记述，但历史却又不仅是史料、史书。60多年后，我们通过这批工矿史资料回望，看到的也不应仅是个旧、东川乃至云南的矿冶史，正如中共中央党校教授金春明在谈"文化大革命"意义时说的："放着那样难得的反面教员不去求教，交了高昂的学费而不努力去学到应有的东西，岂不是太可惜了吗？"[③]

[①] 云南大学历史系三年级：《编写"东川铜矿史"的初步总结》，云南大学档案馆，1958-Ⅱ-22，第126页。
[②] 秋石：《谈工厂史编写中的几个问题》，《学术月刊》1959年第2期，第57页。
[③] 金春明：《决不可淡忘"文革"》，《炎黄春秋》1999年第1期。

参考文献

[1] 《云南大学志》编审委员会：《云南大学志》，云南大学出版社1997年版。

[2] 吴道源：《云南大学志》，云南大学出版社2003年版。

[3] 《云南省志·冶金工业志》编纂委员会：《云南省志》卷二十六《冶金工业志》，云南人民出版社1995年版。

[4] 张增祺：《云南冶金史》，云南美术出版社2000年版。

[5] 曹立瀛、王乃梁：《云南个旧之锡矿》，1940年。

[6] 苏汝江：《云南个旧锡业调查》，国立清华大学国情普查研究所，1942年。

[7] 陈吕范等：《个旧锡业私矿调查》，云南历史研究所，1979年。

[8] 施义：《锡都今古纵横探》，云南省金属学会个旧分会，1987年。

[9] 《云锡志》编纂委员会：《云锡志》，云南人民出版社1992年版。

[10] 红河哈尼族彝族自治州志编纂委员会：《红河哈尼族彝族自治州志》，生活·读书·新知三联书店1997年版。

[11] 个旧市志编纂委员会：《个旧市志》，云南人民出版社1998年版。

[12] 中国人民政协会议红河哈尼族彝族自治州委员会文史资料委员会：《红河州文史资料选辑（第七辑）》，1987年。

[13] 中国人民政治协商会议云南省个旧市委员会文史资料研究委员会：《个旧市文史资料选辑（第八辑）》，1988年。

[14] 严中平：《清代云南铜政考》，中华书局1957年版。

[15] 东川矿务局：《东川铜矿志》，云南民族出版社1990年版。

[16] 中国人民政治协商会议东川市委员会文史资料委员会：《东川市文史资料选辑（第一辑）》，1987年。

[17] 政协云南省东川市委员会文史资料委员会：《东川市文史资料

（第四辑）》，1995年。

［18］马琦、凌永忠、彭洪俊：《东川铜矿开发史》，云南大学出版社2017年版。

［19］云南省总工会工人运动史研究组：《云南工人运动史资料汇编1886—1949》，云南人民出版社1989年版。

［20］《云南年鉴》编辑部：《云南经济四十年 1949—1989》，《云南年鉴》杂志社，1989年。

［21］中共云南省委统战部、中共云南省委党史研究室：《中国资本主义工商业的社会主义改造（云南卷）》，中共党史出版社1993年版。

［22］中共云南省委党史研究室、中共红河州委党史研究室、中共龙陵县委党史研究室：《中共云南组织创始人——李鑫》，云南民族出版社2008年版。

［23］中共中央文献研究室：《建国以来重要文献选编》，中央文献出版社2011年版。

［24］中共云南省委党史研究室：《中国共产党云南历史》，云南人民出版社2018年版。

［25］董孟雄、郭亚非：《云南地区对外贸易史》，云南人民出版社1998年版。

［26］王学典：《二十世纪后半期中国史学主潮》，山东大学出版社1996年版。

［27］王学典：《二十世纪中国历史学》，北京大学出版社2009年版。

［28］杜学霞：《史殇：二十世纪五六十年代的史学研究》，国家行政学院出版社2013年版。

［29］杨寿川：《杨寿川学术文选》，云南大学出版社2016年版。

后 记

　　1958年，云南大学历史系师生赴个旧、东川进行工矿史调查。随着时间的推移，这段历史已湮没在历史长河之中，调查中形成的大量工矿史资料已很难查找，当时油印的纸本材料早已破损，字迹漫漶，亟需进行保存和抢救。

　　2021年，在给三年级本科生上课的过程中，潘先林老师与来自云南省个旧矿区的王雅琦同学交流，提供了云南大学图书馆藏相关资料。王雅琦同学克服疫情困难，多次赴个旧矿区调查，补充收集了丰富资料，完成了本科学位论文《1958年"史学革命"运动在云南的开展及其影响》。

　　2022年春，为庆贺云南大学百年华诞，历史与档案学院策划出版"云大百年史学丛书"，《历史系师生工矿史调查与云大史学》列为丛书之一，由李能燕、王雅琦合作撰写，并对收集到的资料进行录入保存。本书的写作，得益于前辈专家的辛勤努力和工作，也得益于这批丰富而宝贵的田野调查资料。资料整理中，年四国、娄贵品老师进行了细致入微的指导，王雅琦、李能燕、丁存金、谢太芳、王晓琳、徐安珏、安瑾、陈彦军、谢朝宇、沈媛等付出了辛劳。书稿交付出版社后，策划编辑张丽华老师、责任编辑李平老师耐心指导，对书稿修改核校提供了重要的帮助。

　　囿于笔者能力和水平有限，此书不免存在错漏，恳请广大读者批评指正。最后，谨向所有帮助、关心本书写作和出版的领导、老师、同学和工作人员表示衷心感谢！